總是在意別人的心情、臉色、想法……

你是否害怕
不被愛而想逃跑？

媽媽一句惆悵的話、
上司一個不滿意的表情、
整天沒有半點男友的消息…
每天都在面對無數個，
可能會在心上留下傷痕的挑戰。

像被捲入漩渦般迷惘又無助……

你是否被排山倒海的情緒困擾而想逃跑？

邁入人生下個階段、
失去熟悉的對象、

離開過去固定的住所，
每次都像在經歷一場成長痛。

被這種悵然若失的感覺，
深深地困擾的我，到底該如何是好呢？

怎麼會用盡全力付出卻一無所獲……

你是否無法
面對挫折而想逃跑？

此刻我的心像是泡泡般脆弱……

你是否對世界
感到失望而想逃跑？

當我沒能達成自己設下的目標時、

當我與同事的想法背道而馳時、

當我與另一半的計畫產生變化時，

心中總是有股不滿，到底是為什麼呢？

為什麼總是感到很受傷

五個精神分析的眞實故事，帶你找到不斷逃跑的自己

腦內探險隊——著
陳品芳——譯
有隻兔子——繪圖

〔推薦①〕

我為什麼會這樣？為什麼是我？

資深媒體公關
《商業周刊》專欄作家　王蜜穜

你是否也曾無數次這樣問自己，一再重蹈覆轍的問題，總以為遇到下一個人就好了、總以為換一個工作就好了、總以為換個地方開始，沒有人認識我的地方，一切就可以重新開始。但是，到了新的位子，你又再次遇到了重複的問題，遇見了上一次沒有真正解決問題的自己？

聖經詩篇有一處經文這樣說：「我往哪裡去，躲避你的靈？我往哪裡逃，躲避你的面，我若升到天上，你在那裡。我若在陰間下榻，你也在那裡。我若展開清晨的翅膀，在海極居住。就是在那裡，你的手必引導我，你的右手，也必扶持我。」（詩篇一三九：七—十）

為什麼要逃呢？其實你有更好的方式解決。世上當然有許多很難處理的事情，但是你可以尋求倚靠和幫助。這是一本帶領你更認識自己的好書，書中許多人物故事身上，彷彿也能看到自己身在那角色裡，透過「腦內探險隊」的不斷探索，幫助你與自己對話，找出內心那一份造就自己不安的關鍵原因，那或許是不饒恕、或許是被遺棄，但其實你有機會透過承認、傾吐，讓自己不用再躲，獲得真正的自由，找到屬於生命裡的那片迦南美地。

〔推薦②〕

你直搗問題核心了嗎？

《最晚下班的人，先離職》作者
資深媒體人　威廉（William Tseng）

人的身體很奇妙，為了保護最想保護的一塊，會對周遭認為有害的人事物啓動防衛機制，連心理也不例外，逃避永遠是最無濟於事的選項，而壯大內心是我一直在做的練習，細讀書裡面的五個精神個案，跟著「腦內探險隊」透過文字觸碰別人的恐懼，直搗問題核心是一件很赤裸，也很過癮的事。

目錄

CONTENTS

STORY
02

因為莫名的情緒而混亂嗎？

STORY 03

無法獲得肯定，很哀怨嗎？

STORY 04

害怕受傷嗎？

STORY 05

因為不完美而生氣嗎？

序

每顆想逃跑的心都有他們的原因

「不知道以後該做什麼工作才好。」
「害怕跟人交際。」
「老是沒來由地生氣，該怎麼辦才好？」

在Podcast上開始「腦內探險隊」已經一年了。起初只是幾個志同道合的同事，帶著「傳遞正確的精神醫學資訊，減少世人對精神健康醫學的誤解和偏見！」這個有點偉大的目標開始。雖然我們口口聲聲說要徵求受心理問題所苦的人的故事，但另一方面也有點擔心，不知道有多少人會願意把自己的煩惱，告訴素未謀面的我們。

不過，諮詢室開張沒多久，每天就有數十封來信，也讓我們發現當初真是杞人憂天。我們將其中最多人有共鳴，或最多人感到好奇的故事挑出來做成節目，而那些未能在節目中提及的案例，也用心地私下回覆。

這些故事的主角年齡、職業、性別都非常多元。有正在煩惱未來出路的高中生、為工作壓力所苦的上班族，同時也因陌生的恐懼與責任感而感到混亂的新手媽媽，每個人都有屬於自己的煩惱。雖然有些案例的答案很明確，但也有些故事讓我們不知道該怎麼幫忙才好，掛心了好一段時間。

詢問內心的第一個問題：「我為什麼會這樣？」

來信者大部分都是被類似上述的現實問題折磨，所以才會尋求「腦內探險隊」的協助。有人無論在怎樣的關係中都會受傷，也有人即使火燒屁股，依然拖拖拉拉不肯把工作完成，更有人腦袋裡成天充斥負面想法，什麼事情都做不了，每個人都對這樣的自己感到厭倦。接著便開始問「我為什麼會這樣」，這些問題揮之不去，開始懷疑是不是自己生病了。這樣的懷疑，就是讓我們開始寫這本書的起點。

我們希望幫助大家做好準備，揭露連自己也不知道的不安，以及不想被別人知道的傷痕。

但大部分的人即使知道問題一再重複，他們選擇的解決方式卻不是面對自己的內心，而是逃跑。有時候，他們甚至沒有察覺自己正在逃跑。逃跑是一種內心的防護網，用來保護自己不要受到可預期的痛苦傷害，換句話說就是啟動了「防衛機制」。雖然也有一些方法，能幫助我們在這樣的防衛機制之下承受痛苦、成長發展，但大多數的人，會選擇刻意壓抑難受的情緒、否定造成問題的原因，或者是責怪他人。這樣雖能暫時緩解內心的痛苦，但絕非根本的解決之道。問題是，防衛機制這傢伙通常都會自己啟動，如果不特別注意，我們便會在下意識中習慣它的存在。

請求「腦內探險隊」協助的來信者，都已經察覺到自己想要逃避的心理，向我們尋求矯正這種心態的方法。他們已經下定決心，要把遮蔽真實內心的防護網給拆掉。我們也很用心地向他們每一個人解釋，他們內心的防護網究竟是什麼、處在什麼狀態。

唯有透澈了解讓我們無法看透內心的障礙，我們才能將障礙清除。在這個過程中，我們有時候可能會輕率地下判斷，有時候又可能太過謹慎小心，但至少，希望我們的建議，能夠給那些鼓起勇氣探索個人創傷的人一些自信。

找出內心那一份不安

越是壓抑，創傷就會越嚴重；越是逃避，不安就會更加強烈，最後強力地反撲。我們深信防衛機制能夠保護自己，但那樣的防衛機制，最後甚至可能會擊潰我們的內心。但若能運用適當的技巧，與不安和創傷正面交鋒，那反而有機會掌握開啟封閉內心的唯一鑰匙。即使那樣的自己比想像中的更怯懦、更不起眼也無妨。若能接受、愛著自己真實的樣貌，那麼來自四面八方的各種攻擊，都不足為懼。

你最想逃避的內心不安與創傷，恰好造就了現在的自己，只要察覺到這點，我們就能夠獲得認同真實自我的力量。我們認為發現自己最脆弱的一面，反而是能夠使自己更加堅強的方法。想改變卻總是猶豫不決，這樣的心態讓你感到煩悶嗎？莫名的情緒經常襲擊你，令你感到精疲力盡嗎？不知所措地逃離不安以及創傷，已經讓你感到厭倦了嗎？

這就代表，你已經準備好面對內心的防衛機制了。我們會為各位打開一條路，找到自己內心的防護網，幫助各位做好心理準備，更從容地面對隱藏在防護網之下的不安與創傷，這也是我們「腦內探險隊」的期待。

我們每個人，其實都在逃避

本書主要的內容為精神健康醫學相關領域，收錄的內容與基於不同原因前往求診的五位個案有關。其中包括有每次寫作到一半，就會突然停止創作的編劇、對心愛的孩子莫名感到憤怒的母親、經歷恐慌障礙的準就業者、因為暴飲暴食而被母親帶來就診的網路漫畫作家、受失眠所苦的整形外科醫師。這五位主角的故事看起來雖然特別，但隱藏其中的，卻是任誰都會經歷的煩惱。在了解五位個案的內心防衛機制時，各位讀者或許也能從中找到自己的身影。反作用力、轉移、隔離、投射性認同……每個人的故事結束時，我們都會為他們的心態取一個名字，幫助各位讀者診斷自己的問題。

讀完這本書後，就能解決自己內心的問題嗎？並非如此。但我們期待這能為你徬徨的內心找到一個方向，讓你看見改變的一線曙光，如同書中的主角一樣。

內心的改變需要足夠的時間，那個過程並不會十分順利，有時甚至會辛苦到令人想放棄，但請不要著急，只要好好走在那條為你提供解決方案的路上，那總有一天一定會抵達目的地。我們相信在那個終點，肯定能夠找到更加堅強、不再需要防衛機制保護的一顆心。

來，現在該是聽故事的時間了。

來聽聽精神科醫師娓娓道來，

只有在這裡才能聽到的精神科真實故事——

「腦內探險隊」

現在開始！

STORY

01

害怕不被愛而不安嗎？

我們每個人都想被愛。
有時候會因為這種想法，
去在乎別人的心情、臉色、想法，
進而無視自己的想法、情緒和期待。
但總有一天我們會明白，
無法展現真實「自我」的關係是不真實的，
當「我」被從這段關係中抽離時，
那麼就無法獲得真正的愛。
這裡有一個想被所有人喜歡的人，
過去她很努力壓抑自己的想法，
現在她決定好好聽聽自己的聲音。

——「腦內探險隊」吳東勳

〔談話室〕

害怕結束工作

「常常跑去做別的事情嗎？」

聽到我的問題，文廷點了點頭。三十八歲的文廷有著一張娃娃臉，看起來才三十歲出頭而已，她是一位自由工作者，跟從事藝術相關產業的同齡人相比，她看起來比較年輕。雖然是第一次接受精神分析，但文廷確實是個擅長寫作、思緒清晰的人，冷靜且一派輕鬆地描述自己的狀況。

「對，這讓我很困擾。最近工作時發展總是不如預期。我通常是接電影劇本案子之類的工作，不知從什麼時候開始一直沒辦法專心，總是會工作到一半就去做別的事。」

「人也跟機器一樣需要暖機，就像電腦需要載入時間一樣，妳的狀況跟這不一樣嗎？」

「對，就像你說的，正式開始工作前總是會有一些摸魚的時間。但我的問題是就算工作進行得很順利，也會下意識中斷這樣的狀態。獲得好靈感，或是原本模糊的想法逐漸有清晰的輪廓時，我卻會突然停筆。」

「妳的意思是說，在妳很有『感覺』、工作很順利的時候，會自己停下來的意思嗎？」

在「工作順利」的時候，就會緊急踩煞車

聽完我的話，文廷毫不猶豫地大力點了點頭。

「通常創作者都會順著感覺連續寫好幾個小時，在這樣的狀態下，不僅不會感到肚子餓，甚至也不會想去廁所，就像大家說的，是『靈感之神』降臨的時刻。遇到這樣的日子，劇情發展會非常順利，台詞也能一句接著一句，有些人在這樣的時候會非常專注，一次完成好幾天的工作量，但我卻會刻意中斷這樣的狀態。

「我會突然跑去回覆好幾天沒回的信、去洗碗或是洗衣服。做完別的事情以後再回到位子上，但『靈感之神』已經消失了，我想這應該是我的專注力出了問題吧？」

她的口條很好，清楚地明白自己面臨的問題，感覺起來是個很開朗的人，所以我沒有立即

回答她的問題。

「這是有可能的，但只憑妳現在的狀況來看，還沒辦法明確判斷出是什麼問題，妳以前也曾遇過這種很難專注在一件事情上的狀況嗎？」

「正確來說，我的問題並不是無法長時間專注做一件事情，是只有在寫作的時候、感覺自己很專注的時候，我就會下意識踩煞車。現在我還是可以專注讀書、看電影，做別的事情時也不會覺得無法專注。」

「學生時期有聽別人說過妳特別散漫或是吵鬧嗎？」

文廷露出有點無奈的笑容回答：

「完全沒有。雖然沒聽人說過我安靜內向，但我也不是散漫到會引起別人注意的人。」

為了掌握個案的狀態，我還是禮貌性地問了她幾個問題。最後，我判斷文廷罹患注意力不足過動症（ＡＤＨＤ）或憂鬱症的可能性並不高。

「寫作順利時卻突然跑去做別的事」「感覺自己很專注，卻突然踩煞車休息」，除此之外，她看起來並沒有太大的問題。食慾沒有受影響、也沒有睡眠問題，更沒有討厭跟人來往或害怕自己突然死掉的恐懼。但這其實也是一種問題。即使生活上沒有遇到嚴重的問題，但既然有必要來醫院，那就會讓人特別在意。

「寫作的時候，妳的心情通常怎麼樣？」

剛剛還一來一往像打桌球似地明快回答我的問題，現在文廷卻停了下來，接著深深嘆了口氣。

「很開心。雖然創作不順利時會覺得很煩，但大致上來說是愉快的。我寫的故事和現實狀況不一樣，可以完全按照我的理想進行。我能夠依照自己的想法，掌控另一個人的人生，這真的非常有趣，尤其是電影劇本的創作，看見自己的作品被搬上大銀幕，真的讓人覺得很刺激。」

「既然這麼開心，那為什麼會沒辦法集中，自己中斷創作呢？」

文廷又想了想，有些猶豫地說：

「嗯……我想要避免把作品寫完。順著靈感一直寫下去，工作就會比預期的還早結束，我會不會是想避免這樣的情況呢？」

「避免工作完成嗎……為什麼想這麼做呢？」

「我也一直在想為什麼，但實在想不通。」

「會不會是因為妳很喜歡這件事，所以才希望它一直不要結束？」

「應該不是。再怎麼說還是工作，要有個結束才是好的，畢竟我要做的事情還很多。」

「聽起來妳並不了解自己的心呢，妳是因為想要了解自己為什麼想避免完成創作，所以才來的對吧。」

想要避免「完成」這件事

突然，我想起幾個月前遇到一位考生。那位考生無論怎麼努力，都無法專注超過二十分鐘，於是便到醫院求診。他的問題是因為擔心自己在不知不覺間注意力渙散，所以才會主動中斷讀書的狀態。認為自己不能去想一些沒用的事情，一定要一直維持專注，這種強迫性的想法其實就是問題的根源。有這類強迫性想法的人，有一部分會非常害怕自己危害到事情的「完美發展」，這樣的恐懼進而造就矛盾的狀態，文廷也是相同的問題嗎？但她看起來並沒有什麼強迫的症狀。

因為找不到線索，讓我有點擔心，所以只好一股腦兒地將想到的東西寫在病歷上。接著我突然提出一個和之前分享的對話有點不太相關的問題。

「除了寫作之外，妳還有在做其他事情的時候，經常感覺自己『踩煞車』嗎？我是說日常生活中的其他事情。」

問完之後，我們便陷入會談開始後最長的沉默。接著，文廷把額前的頭髮往後撥，開始回答我：

「嗯，戀愛時好像也有類似的問題。有時候雖然遇到不錯的姻緣，但當對方一提議要以結婚為前提交往，我就會感受到莫名的壓力。因為很難拒絕，所以我都會先回答好，但之後只要提到跟父母見面或是跟未來有關的事，我就會找各種藉口來拖延，最後分手。」

「現在有交往的對象嗎？」

「有，有一個交往沒多久，感覺還不錯的人，我很認真在思考我們的未來，畢竟我也該考慮結婚的事了。」

這個回答非常制式化，感覺就像已經事先準備好答案了。

「嗯，原來如此。那除了戀愛之外的其他關係呢？妳很容易跟別人打成一片嗎？比起跟別人互動、來往，妳是不是覺得自己一個人比較自在？」

這次文廷搖了搖頭。

「不，我喜歡跟人交流，我常跟同事見面，也會一起喝酒。」

考慮到想要逃避有深入關係這一點，很有可能是迴避性人格障礙。但除了戀人之外，她跟其他人的關係卻沒有特別的問題。我在自己寫下的「迴避型個性」上畫了個叉，然後把「迴避」兩個字圈起來。總之，「迴避」就是文廷所經歷的問題核心。文廷雖然說想要快點完成自己的創作、應該要有一段穩定的關係，但所作所為卻和她說的話背道而馳。通常來說，無論是工作還是戀情，都會希望快點有個結果，但文廷看起來像是下意識地在逃避這些。

為什麼？

最有可能引發這種逃避心態的，就是自我防衛機制。但如果逃避是一種防衛機制，那麼想要逃避的對象，就一定是會引發她內心衝突的事情。也就是說，一定是會使她內心感到痛苦，導致她不想面對的事。是文字創作嗎？那是能夠為文廷帶來經濟收入的職業，同時也是她向別人展現個人才能的方式。如果自己的才華遭到殘酷的批評，每個人都一定會覺得很有壓力。那戀愛呢？想逃避深入關係的人，通常都是因為害怕遭到對方拒絕或拋棄。

文廷也是這樣嗎？我想現在還沒辦法做出結論。

「今天是第一次會談，妳很冷靜，談了很多事情，這樣有助於我更快掌握妳的狀況。不過光是這樣，還是沒辦法明確判斷妳遇到的問題是什麼。我覺得，避免完成創作這一件事情，可能和妳內心深處的什麼問題有關，妳要不要考慮定期來會談，一起找出問題所在呢？」

文廷答應了我的提議，但和我約好下次見面，起身準備離開的她並沒有立刻走出去，而是又突然轉身問我說：

「醫生，你看到我的時候有什麼感覺？」

這突如其來的問題讓我有些慌張，所以我只是睜大眼看著她。看到我驚訝的樣子，文廷淘氣地笑著說：

「我只是好奇在精神科醫師的眼中，我看起來是怎樣的人而已。那我先走了。」

在我還沒做出任何回答之前，文廷就跟我道別並關上診療室的門。好奇別人對自己的看法是嗎……在會談的過程中，她一直在意這件事嗎？我一直不斷回想剛才的狀況，想要從中梳理出一些意義，但很快地，提醒我該為下一位個案看診的敲門聲響起，硬生生地把我拉回現實。

［逃避］

現在，你的心是不是正在逃跑呢？

媽媽一句惆悵的話、上司一個不滿意的表情、整天沒有半點消息的男友……我們每一刻，都要面對無數個可能會在心上留下傷痕的挑戰。而我們會慢慢發現，究竟是哪一枝箭射中自己的時候，會使我們最痛苦。為了抵擋這些不知道會從哪裡飛來的箭，我們每個人都有自己的心理防護網，而這就叫做防衛機制。

有些人的防護網很堅強，有些人則比較脆弱，防衛機制也一樣。有些人的心理防衛機制，能以獨特且有彈性的方式來化解心理壓力；同時也有一些人，會把這些壓力堆積在心裡的任何一個角落，或直接向外界宣洩。

前者稱為「成熟的」防衛機制，後者稱為「不成熟的」防衛機制。一個人不會只有一種防衛機制，這兩種防衛機制，會視情況不斷交替使用，即使面對相同情況，也會配合當下的心理條件選擇合適的防衛機制。不過，就跟每個人都有自己擅長的事情一樣，我們也有各自慣於使用的防衛機制。

其中最常出現的防衛機制叫做「逃避」，意思就是我們會自動遠離造成自己心理壓力的狀況或對象，這又可以再細分為「認知迴避」和「行為迴避」這兩個概念。現在假設你跟好朋友吵架，過了很久之後，才發現是自己的誤會造成這個情況。雖然心裡知道要跟朋友道歉，但一開口又覺得很尷尬，很害怕朋友做出任何反應，最後什麼也做不了，只好帶著「啊，不管啦，反正又不會怎樣」的想法，把這件事暫時擱置到別的地方，這就叫做認知迴避。但如果在你煩惱的時候，正好看到朋友從走廊的另一端走來，你慌慌張張地躲到一旁的教室裡面，這就可以稱為行為迴避。換句話說，認知迴避是思考上的逃避，行為迴避則是在現實生活中，逃離各種可能造成壓力的因素。

我們每天都在下意識中不斷逃避，許多逃避都是在下意識中發生。像是忘記重要約會或重要的事情時，我們很容易認為那只是我們健忘，但其實深入探究便會發現，很多時候都是啟動了逃避的自我防衛機制。為了不要跟不喜歡的人見面，或是已經預期可能會遭遇負面狀況，進而帶給自己心理壓力，我們的心會自動做出反應。

逃避並不一定不好，畢竟比起放任自己撞上眼前的障礙，還不如退一步避免受傷。問題是退一步之後，我們通常會從障礙物旁邊繞過去，或不願意再嘗試跨越，並且努力遺忘這個障礙物的存在。但無論時間再久，眼前有個障礙物的狀況依然不會改變。所以精神科醫師通常會將逃避歸類在不成熟、不適應的防衛機制中。

前面提到那位沒辦法專注創作，總是想做其他事的文廷，她所面臨的問題就是一種下意識的逃避行為。那麼，她想刻意疏遠的障礙究竟是什麼？為了回答這個問題，我們必須更深入了解讓她產生壓力的狀況是什麼，以及在她心裡引發衝突的真正原因。

〔談話室〕

我所看到的自己，究竟是什麼樣子？

「醫生，羅文廷小姐來了，要請她進來嗎？」

又是一個悠閒的午後。我才剛睜開雙眼，正在整理雜亂的頭髮，朴護理師便開門進來。為什麼會是護理師開門？或許是她對我做了個表情便退到後面去。接著文廷便帶著滿臉的微笑走進診療室，雙手拿著熱咖啡。

「因為我沒有手，所以就請她幫我開門。」

文廷的表情看起來精神抖擻，就像在說「我帶你需要的東西來了，我想得很周到對不對」。我用帶著睏意的雙眼，看著文廷遞給我的咖啡。

我該怎麼解釋這份好意呢？只是單純的親切嗎？還是這是她的行為模式呢？雖然已經是第六次會談了，但還是摸不透她的個性。

「醫生，你看起來很累，喝杯咖啡打起精神

來吧，你以前不是說過喜歡喝咖啡嗎？」

整體來說，文廷在會談時配合度很高，但每次要挖掘問題的核心時，她都會巧妙地把話題轉到別的地方去，咖啡的話題也是這樣出現的。聆聽個案想說的話是會談的基本原則，所以我一直很有耐心地聽她說自己的事，但因為好像一直無法切中核心，所以我也開始有點緊張。如果拒絕她的好意，至今累積起來的信任可能會歸零，於是我便收下這杯咖啡向她道謝。

「我的作品寫完了，最近正在休息。因為拖了很久才交出去，現在感覺好輕鬆。」

她坐了下來，用跟平常一樣開朗的聲音開始說話。

「那下一個案子什麼時候開始呢？」

「這我也不知道，有時候案子很多，但也有時候一個案子都沒有，編劇們都戲稱自己是在乾枯的河裡，努力划槳等水進來。但就算有好幾個案子進來，其中也只會有一、兩個是自己喜歡的內容，其實我現在有接到一個提案，但還在考慮要不要做。」

「是什麼樣的案子？」

「我認識的導演請我幫他看一下劇本初稿，那是一部獨立電影，描述的是脫北者無法適應韓國社會，選擇重新回到北韓的過程，感覺很有趣。」

「原來如此，那妳為什麼要煩惱？」

「嗯，我也不知道……就覺得有點怪？」

聽到我的問題，文廷歪了歪頭。

「哪裡怪？跟那位導演一起工作很怪嗎？」

「不是，他不是那種不好相處的人。」

「那不然呢？」

「該怎麼說，我也不知道。交稿時間不趕、酬勞也不會不好……就只是……只是……沒有想做的感覺。可能是我想要稍微休息一下，對了，醫生你喜歡怎樣的電影？」

提出和會談無關的興趣問題，是文廷在轉移話題時使用的策略。這樣下去，下次她應該會送我電影票當禮物，於是今天我決定不要被她牽著鼻子走。

「是不是那個工作會給妳帶來壓力呢？」

本以為她會很快回答不是，沒想到她卻沉思了好一陣子才開口：

「對，有壓力。這種狀況不是只遇過一、兩次，我每次都這樣。感覺我還要繼續努力，哈哈哈。」

她爽朗的笑聲在診療室裡擴散開來，那笑聲似乎隱藏著對話不太方便再深入下去，希望可以就此打住的意思。我假裝沒察覺這樣的訊息，繼續追問下去。

害怕看到網路留言

「可以具體說一下哪裡讓妳有壓力嗎？」

「具體嗎？」

「對，妳不是說共事的人很不錯，條件也不差嗎？那究竟是什麼給妳這麼大的壓力，讓妳想避開這個工作呢？」我刻意強調「想避開」這幾個字，然後等待她的回答。

「嗯……我覺得成果會讓我很有壓力，想拍出一部好電影，就一定要有好劇本，也就代表我必須要創作出好內容。」

「意思是說，妳覺得自己參與的電影一定要成功嗎？」

「確實是這樣，而且是要跟其他人一起合作，所以更有壓力。」

她像是在說別人的事情一樣，我用一副明白了的樣子點點頭。

「但成功和失敗，是用怎樣的標準來評斷的呢？」

「什麼意思？」

「通常電影是用觀影人數來判斷成功與否，但獨立電影應該不太一樣吧？」

「對，沒錯，跟商業電影相比，獨立電影更看重作品的藝術性。」

「那妳怎麼看這部作品的藝術性呢？」

或許這是她想迴避的問題，文廷好像很不舒服似地換了好幾次姿勢。

「就……有影評、有電影記者會來評價，就算不是他們，到入口網站上去搜尋電影的資訊，就可以看到短評或是一些留言不是嗎？」

「妳會找這些東西來看嗎？」

「對，有空的時候我就會找來看，只要一句負面評語就會讓我很不安。」

「看來妳很在意別人怎麼看待妳參與製作的電影。」

這次她並沒有立刻附和我，取而代之的是一段比想像中更長的沉默。我的直覺告訴我，這已經碰觸到她不願意面對的內心問題，我想應該給她一點整理思緒的時間。就在診療室沉重的空氣漸漸讓人覺得有壓迫感時，文廷開口了：

「對，醫生說得沒錯，評價比成果更加重要這句話也沒錯。每一部電影不是都會被評分嗎？那個分數就像成績單一樣，最近不知道是大家變得比較嚴苛，還是我的能力不如以往，我的作品很少高於平均。」

原本開朗的聲音蒙上了一層陰影，而且細微地顫抖著。

「評分比想像中低的時候，妳會怎麼樣？」

「看到有人評論說『無聊』的時候我會失眠。一方面也很生氣，覺得『這個人懂什麼，為什麼這樣評價我的作品』，也自我安慰說電影無聊不完全是因為我。但我還是會一直去想自己還有哪裡不夠好、還有哪裡該改進。有時候還會翻來覆去幾個小時，然後在凌晨起來坐在筆電前面，打開劇本的檔案去讀劇本的內容。」

自己具有價值的證據在哪裡？

「妳想找出有問題的部分嗎？」

「不，我想找出好的部分。我會把被導演稱讚、被同事讚賞的部分找出來反覆閱讀，然後像唸咒語一樣對自己說『我沒有錯』『我不是不會寫劇本』。」

文廷低著頭，把整張臉遮了起來。說這些話的時候，她就像是陷入當時的情緒一樣。我突然想起上一次會談結束時，她問我「你看到我有什麼感覺」的事情。本來覺得那只是個形式上的問題，但現在想想，那個問題其實代表她的個性。對她來說，人們怎麼看自己、怎麼評價自己非常重要。所以每一個案子結束後，要接受不特定多數的評價，對她來說是很大的壓力。從這點來看，確實能夠理解她下意識拖延工作進度的原因。因為成品出來後，要接受某種形式的評價，聽到負面評價時肯定會很難過。很多人都和文廷有類似的遭遇，但並不是所有人都會感受到相同的痛苦。那究竟為什麼只有她會這麼在意評價，甚至因為這些評價而受傷？

受他人評價所苦的人，內心通常都認為自己不值得受到尊重。為了反駁這樣的想法，這類的人會不斷渴求正面評價，我們通常形容這種情況叫「自尊低落」。會不會外表看起來開朗樂觀的文廷，內心其實受到自尊低落的問題所苦呢？一想到她在黑暗的凌晨，面對著發光的筆記型電腦螢幕，反覆閱讀自己受稱讚的部分，就讓我覺得很難過。文廷自己也知道，這樣的行為只是一種自我安慰。

但她還是無法停止這種行為，那一刻，她迫切地想要找出自己具有價值的證據。

文廷深深嘆了口氣，用低沉的聲音說：

「這件事情我第一次跟別人說，周遭親友都覺得我是個很酷的人，我也希望自己看起來不受拘束。但現在有點……覺得這樣的自己很丟臉。要是他們知道這樣的我，會說什麼呢？要是他們知道其實我對每一個評語都很敏感，而且每次都會因此受傷……」

認為別人知道自己真實的一面會開始討厭自己，這是因為認為真正的自己沒有被愛的價值。有這種心理機制的人，通常會把真實的自己嚴密地藏起來，創造出一個別人會喜歡的「假的自己」。假的自己在每個人的身上都會以不同的形式出現，文廷所建立的虛假形象，是「不在乎他人目光，很酷的人」。

我冷靜地說：

「因為妳今天鼓起勇氣說了這番話，所以現在我能夠稍微了解妳的問題了。我想，妳創作到一半一直去做別的事情，或許是因為妳害怕案子結束之後看到別人的評價。妳覺得呢？」

文廷一句話也沒說，只是默默點頭，而且眼角微微泛紅。

「但最重要的並不是別人怎麼看待妳的作品、妳這個人，而是妳自己如何看待自己吧？」

「你的意思是說，我必須要知道自己怎麼看待自己嗎？」

「對，如果妳對自己太嚴苛、太扭曲，那就要立刻糾正這種想法，只要知道妳認為自己是怎樣的人就好。要馬上找到原因可能不太容易，而且那也可能是妳不想面對的事情，但我們還是可以努力看看。」

文廷關上診療室的門，她轉身離開的背影，看起來比以前更加無力。現在文廷心裡感受到的，是吐露真實心聲之後的暢快，還是在身為醫師的我面前，無法保持自己酷酷形象的自責呢？

［自尊心］

愛自己竟是這麼困難的事

近來我們的生活中常聽到「自尊」這兩個字，這是自我尊重的縮寫。所謂的自我尊重，意思就是認為自己具有值得受到尊重的價值。我們通常相信，他人的評價與認同會決定我們的自尊。所以總是認為外表、學歷、職業、財力等外在條件較為出色的人，自尊一定也比較高。這句話並非完全錯誤。畢竟和一般人相比，外在條件出色的人比較容易獲得他人的認同。身邊有一些會對你說「你好酷」「你很厲害」的人，確實對自尊有正面的影響。

但決定自尊高低的，其實是自己。

問題在於自己用什麼角度看待自己。自尊低落的人，會認為自己有很多缺點，也因此不斷尋找反駁這個想法的證據。希望從別人的話、表情、手勢當中，找出「你其實是個不錯的人」

這樣的訊息，對跟自己有關的評價也會特別敏感，這可以說是一種為了降低心理上的痛苦，到處尋求止痛藥的方法。

但真正觸動雷達的，其實是完全相反的訊息。因為「我不夠好」這個想法已經在心中扎根，所以會用比實際情況更加負面的態度，去解讀對方釋出的訊號。即使獲得好評也無法坦然接受，甚至誤會其中隱藏著其他的意圖。即便千辛萬苦接收到正面訊號，效果也不持久。由於對自己的負面想法具有強大的力量，所以外界來的正面訊號也只能暫時壓抑這種心情，最後還是會繼續去尋找下一個對自己說「你沒有不好」的人，讓人不斷渴求他人的稱讚與關注，陷入認同中毒的狀態。

陷入認同中毒狀態的人，會呈現兩種面貌：第一種是誇耀自己能力。仔細想想，我們身邊是不是至少有一個會將成果誇大，連小事都拿出來炫耀，讓別人感到很不自在的人？這種行為就是建立在下意識認為如果不這麼做，別人就不會認同自己的恐懼上。

這種人就像是在用全身吶喊：「你看，我絕對不是個不好的人，快點稱讚我。」

另一種則是讓自己配合對方，變成對方想要的樣子。這類型的人會隱藏自己的想法和情緒，營造出他人喜歡的形象。也因為這樣，這樣的人通常被認為很親切、很善良、很有魅力。精神分析學家唐諾・溫尼考特（Donald Woods Winnicott），將這種壓抑自己真實情感，努力讓自己配合周遭情況的狀態命名為「假我」。這時產生的情緒壓抑，可能是有意識的，也可能是無意識的，但無論屬於哪種情況，他們都會在不知道自己真實情緒的情況之下，將周遭人士的情緒表現、對情緒的要求當成是自己的來接受。文廷的假我就是「不在乎他人目光的淡然」。每個人都有一個程度不同的假我，問題是這樣的假我會逐漸吞噬真我，在生活中所占的比重越來越多。這麼一來，人會漸漸被內心缺乏些什麼的不滿足、認為自己很虛假的空虛感所困擾。透過假我接受他人關心之後，文廷便無法脫下那張面具。要營造出與真實心聲正好相反的形象，那會讓人感到多麼慚愧？或許因為難以承受這樣的情緒，所以就連羞愧感都被壓抑在潛意識當中。

現在該做的事情，就是讓文廷知道她看待自己的態度已經變形，並且深入探索這種想法究竟從何而來，做好和「假我」道別的準備。

〔談話室〕

決定不要盡力做到最好

隔週，文廷並沒有來會談。雖然她說臨時有事要暫停一週，但我卻莫名感到不安。上次會談時，我是不是犯了什麼失誤？有沒有說了什麼不該說的話？她還沒有準備好面對自己的內心，我是不是太刻意挖掘真相了？因為文廷取消會談，所以我有了一點空閒時間，便從頭開始仔細閱讀她的會談紀錄。究竟問題出在哪？是哪裡還不夠好？

「凌晨起來坐在筆電前面，打開劇本的檔案開始閱讀……想要找出好的部分。」

我埋頭看著會談紀錄，突然想起上一次會談時她所說的話。

突然覺得，我埋頭翻看會談紀錄的樣子，就和受傷之後徹夜重讀劇本的文廷很像。

我的自尊心也不算太高。如果我說這種話，

身邊的人可能都會笑著反問「你是認真的嗎？」但我是個把每件事都當成自己的事一樣認真，做出決定之前，必須經歷無數次的煩惱，下定決心後又會因為沒自信而不安的人。我還在實習的時候，會把門診的病患記在心裡，等下一次同一位病患來複診，我就會仔細查閱病歷。這一方面是在關心個案的改變，但更重要的是我想看看自己的處方有沒有效。如果病歷上記錄症狀有好轉，那我就會認為自己的處方沒錯。相反地，如果紀錄上寫說沒有太大的改變，或是產生副作用的話，我便會整天提心吊膽。那份病歷給我的感覺，就像是在批評我「因為你的能力不足，所以才讓個案白白受苦」。

「醫生只是在個案內心引起一陣波浪的人，而個案會隨著這陣浪漂流到哪裡去，全都是他們自己的決定。」

每當我將個案的症狀和自己的能力過度連結時，我就會回想起還在當住院醫生時聽過的這句話。最後我闔上會談紀錄，深深地嘆了口氣。

如果努力，還無法獲得好評怎麼辦？

下一次會談時，文廷準時出現了。這一個禮拜以來一直提心吊膽的我，終於能夠放下心中的那塊大石來迎接她。

「其實當時醫生說我希望自己看起來像個不受拘束的人，這給我帶來很大的衝擊，所以我想自己一個人靜一靜。如果被別人知道我這個樣子，大家可能會不喜歡我……我不知道原來自己是這樣想的。」

我問她為什麼上一次沒來，她便坦白回答我。

「原來如此，我想知道妳這段時間都想了什麼。」

「就只是回想我以前的生活，然後我想起大學時的事。我決定要去文學創作系時，打從心底相信自己的作品很有特色。但真的進到那個系之後，才發現世界上有好多比我更出色的人。」

「妳大學時沒有獲得好評嗎？」

「就中等而已吧。無論是在文筆還是在詞彙的運用上，都不曾聽過有人稱讚我比別人更優秀。雖然我沒有表現出來，但其實心裡真的很希望被稱讚。」

「沒被稱讚的時候，妳心裡怎麼想呢？」

「覺得很難過，而且不管怎麼改，都覺得我寫得不夠好，有些作業我甚至會重新寫好幾十次，但這樣改下來，反而讓我覺得很不安。」

「又有別的不安嗎？」

「我會開始擔心，如果我已經這麼努力了，但還是無法獲得好評該怎麼辦？我很害怕無論怎麼努力都沒有用。起初為了擺脫這種不安，我會去看書或電影分散注意力，但這些東西卻會讓我一直想起寫作。後來我開始刻意不看書和電影，但還是無法不去想作業的事，結果就變成在繳交作業前夕，跟朋友一起喝個爛醉。」

這段意外的話，讓原本冷靜點頭聆聽的我停下動作。汲汲營營於評價，無論考試還是作業都力求好表現的人，突然在考試跟繳交作業前夕喝個爛醉？文廷聳了聳肩，彷彿可以理解我的驚訝。

為了保護自尊，不想努力做到最好

「我只是想把一切都忘掉。雖然隔天就要交作業，但我卻覺得擺爛說不定還比較好，所以就把原本寫好的東西交了出去。但意外的是，這反而讓我覺得很輕鬆。」

「妳沒有像平常那樣不斷修改作品，心裡反而覺得比較輕鬆嗎？」

「對，但我當時只覺得可能是喝酒有助解悶，所以後來就習慣在交作業前一天喝酒。這件事傳出去後，朋友開始會跑來找我喝酒玩樂。在大家眼裡，我不汲汲營營於成績或評價，是個不受拘束的人。在那之後，我好像也為了配合他們的想法在行動，考試前一天會徹夜喝酒，會不跟任何人說一聲就自己一個人去旅行……當時我覺得那就是我該做的事情。」

「突然有了很大的改變呢！從一個腳踏實地的努力派，變成不會刻意去努力的人，那成績怎麼樣了呢？」

「就有點變差吧？應該沒有太大的差別。」

「妳不難過嗎？不是想被稱讚嗎？」

「我不怎麼難過。玩成這樣還期待自己有好成績，這樣很奇怪吧？」

最後一句話讓我豁然開朗。喝酒或是旅行這種脫序的行為，都能夠讓原本戰戰兢兢想獲得稱讚的心變得更舒暢。沒有太認真準備就不會有滿意的成績，這是很理所當然的事情。文廷真正害怕的情況，是即使盡了全力，仍會聽到自己不如同學的評價。不想承認才能差異的這種迫切心情，為了保護自己的自尊，所以才找了這樣的方法，那就是不要努力做到最好。

不是我沒有才能所以無法獲得好評，而是因為我沒有盡力做到最好。

這種脫序的行為，現在可能已經轉換成另一種型態。創作順利時會害怕完成，所以突然跑去做其他事情，或許也是來自於這種行為模式。對於盡全力做到最好這件事感到不安，正確來說，是擔心即使盡力做到最好，仍無法獲得理想的結果，而這樣的擔憂便導致她下意識拖延工作。我決定不要立刻把這樣的行為模式解釋給她聽，而是等她自己理出一個頭緒。

「妳的話也很有道理。但妳不是從小就想當作家嗎？還在國中跟高中時得過獎，而且還選擇主修文學創作。」

「雖然我沒有很堅定地把作家當成夢想，但從小我就喜歡寫作，我覺得這算是我擅長的事。」

「原來如此，那妳父母怎麼看待妳的選擇？」

雖然是個形式上的問題，但文廷的表情卻微微僵了一下。

「爸爸非常反對。」

「他為什麼反對？」

「爸爸覺得獲得幸福的方法，就是考進知名大學讀經濟或是企管，然後進銀行工作。從我很小的時候開始，他就幫我規劃好人生了。在那之前我一直配合爸爸的期待，但最後一刻卻違背了他的意思。」

「很多父母都認為自己知道怎麼讓孩子幸福，但妳似乎沒有因為父親反對就聽從他的意見。」

「對，所以我跟爸爸斷絕關係了。他只有在我聽他話的時候會疼我。如果我不聽話，他會冷淡得令人害怕。一開始他嘗試想說服我，後來開始生氣，最後乾脆無視我的存在。就連我的高中畢業典禮也沒出席，媽媽也因為他而來不了。畢業典禮上只有我一個人連花束都沒有，獨自坐在那裡。」

文廷的聲音微微顫抖。在所有人都接受祝賀的日子，只有她孤單一人，光是想像就能理解她的心情。

「原來如此。那妳執意要走自己的路，是否也代表妳真的很想成為作家？」

「我當時是這樣想的。但過了一段時間之後，發現我好像只是想擺脫爸爸。我知道爸爸為我做了很多犧牲，所以從來不曾違背他的意思，但其實我真的很不想聽他的話。」

雖然只是暫時聊了一下有關父親的事情，但文廷看起來卻很累，應該是因為她對父親的感情非常複雜吧。

我抬起頭看了看時鐘，一邊思考是該繼續聽下去，還是就此打住，卻發現已經超出原本約好的會談時間了。螢幕上顯示預約好的下一位個案正在等候，而協助我的朴護理師也已經傳了好幾封訊息給我。我在病歷上寫下「要問跟父親之間的關係」，然後開口說：

「該結束今天的會談了，雖然只有在最後談到一點點，但我想父親對妳具有很大的意義。」

文廷點了點頭，小聲說：

「雖然不清楚是哪方面的意義……」

我想她的意思應該是，不知道父親代表的意義是好還是壞。雖然只是短暫地談了一下，這樣下判斷還太早，但我覺得依照文廷對父親的感情來看，我們似乎已經可以碰觸到她的問題核心了。或許就是她心中的父親，不斷壓迫著她、督促著她也說不定。

「下一次我們聊聊妳父親的事吧，妳可以先想一想有沒有特別想說的事。」

會談過程中，偶爾會遇到讓人不住搖頭的情況。比如說像是個案感覺不出有什麼奇怪之處，卻老說一些牛頭不對馬嘴的話。像是文廷說她會在考試之前喝酒，或跑去旅行，就讓人很摸不著頭緒。如果想獲得教授跟朋友的認同，那最正常的做法應該是努力把作業做好、考試考好。雖然酒可以暫時緩和緊張的情緒，但每次考試都重複這種模式，應該會讓人很難接受。而且文廷說雖然考試成績沒有很好，但她並沒有特別在意，這一點也不像對評價敏感的人會做出的反應。

在我們沒有意識到的時候，會自動做出能幫助自己獲得心理利益的行為。這樣的心理利益，大致上可分成「一次性利益」和「二次性利益」。

〔心理利益〕
內心的利害關係決定個人行為

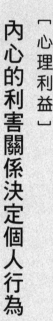

一次性利益是藉著採取特定行為，避免或解決內心的衝突。如果付出充分的努力成績依然不好，那就只能承認自己沒有才華。不過，這可能會擊垮文廷軟弱的自尊心，而她也害怕面對這樣的情況，所以就選擇在考試前一天喝酒，避免自己盡全力準備考試。以她的個性來說，平時絕不可能疏於準備作業或考試，但突然做出這種脫序的行為，成績卻沒有大幅下滑，這是在告訴身邊的人「我沒拿到好成績，是因為我沒有努力，而不是因為我沒有才華或是實力不夠」。她用自己的方法，有效降低內心受到的痛苦。各位可能會覺得這樣的說法很不合理、很幼稚，但我們要考慮到人類會下意識啟動防衛機制，而從現實的標準來看，防衛機制大部分都非常不合邏輯、非常不成熟。相反地，二次性利益則是透過特定行為，幫助自己同時獲得外在的利益與現實的利益。像是做出某些行為，就能讓自己獲得周遭親友的同情、關心、經濟利益、規避法律責任等，都可以稱作是二次性利益。例如文廷透過脫序行為，讓朋友稱讚她是「不受拘束」的人。

這滿足了文廷想獲得他人稱讚的渴望，也讓她更執著於做出這些行為，進而影響到現在她心中的「假我」。

幾乎所有的精神症狀，都和這種心理利益有關，其中最具代表性的就是身心症。有些人面對極大的壓力時，會習慣性頭痛或胸悶，這種症狀是將內在的衝突，轉化為身體的生理問題，以暫時減輕心理的痛苦，同時也可以得到周遭他人的同情與安慰，進而獲得二次性利益。雖然大部分的行為都是心理利益造成的，我們並不能說這有什麼錯。文廷的脫序行為，造成她無法完全發揮自己的能力。她下意識拖延完成創作這件事，也可以看成是獲取心理利益的副作用。當下的心理利益，會妨礙我們達成自己真正期望的目標。各位不妨冷靜回顧一下自己的行為模式，並思考從這種行為模式中獲得的心理利益，或許透過這樣的過程，可以幫助始終原地踏步的你向前邁進一步。

〔談話室〕

我喜歡醫生嗎？

冬天已經進入尾聲，但寒氣卻十分逼人。上星期天氣還算暖和，本以為差不多要進入春天了，但如果被天氣騙了，開始整理冬天的衣服，那可是會白白浪費自己的努力。如果就像水始終往低處流一樣，季節也能往同一個方向，維持一定的慣性那該有多好？不過無論是在季節中還是換季的時候，氣溫都經常會急遽改變。我突然覺得，這其實跟人心很像。人在發現、承認、解決創傷的過程中，其實會經歷反覆的前進與後退。

文廷也是一樣。那天會談結束後，我們正式開始回顧她與父親的記憶。

文廷的父親對身為獨生女的她盡心盡力，但同時也十分嚴格。雖然家中經濟不寬裕，但還是為了把她送進好學校而多次搬家，國、高中時，總會在下班後到補習班前去等她下課，是位很關心子女學業情況的父親。在這樣的過程中，文廷一直很害怕自己無法滿足父親的期待。父親很吝於稱讚，但對文廷所犯的錯卻毫不留情。

裝酷，才會被大家喜愛

有一次，我問她說小時候最印象深刻，和父親有關的記憶是什麼。

「好像是小學五年級的事情吧，我的班排名原本一直在四到五名徘徊，有一次拿下第二名，因為覺得會被稱讚所以很開心，爸爸一下班我就把考卷拿給他看，沒想到他看了之後，卻一一檢討我寫錯的問題，還說『如果不犯這種錯，就可以拿第一名了不是嗎？』因為他實在太苛刻了，所以我就把考卷搶回來，回到房間裡大哭一場。」

總是想要考到符合父親期待的好成績，那種壓迫感最後讓文廷選擇成為一位作家。讓她逃到父親無法掌控的地方。但即使在那個地方，文廷也無法自由。因為父親說她還不夠努力的聲音，已經根深蒂固地留在她的心裡。為了保護自己不受那樣的聲音所苦，她只能選擇「不要盡全力」這個不成熟的方法。

文廷對父親有「矛盾情緒」，每次回想起小時候就會很怨恨他，但不可否認的是，父親確實放棄自己的一切為孩子犧牲奉獻。恨一個人很容易，只要把所有問題的責任轉嫁給對方就好，但矛盾情緒不一樣。這樣的情緒會讓人在想要責怪對方時，內心隨即響起另一種擁護對方的聲音：「他沒有錯，他只是為你好。」如果對方不需要為這個問題負責，那最後自然會歸結於「都是因為我不夠好」。在這樣的痛苦之下，最糟的情況便是會導致人出現幻聽、妄想等「精神錯亂」的症狀。為了避免矛盾情緒的發生，人總會把自己感受到的負面想法、負面情緒轉嫁給對方。

於是我們開始會認為不是我不好，而是「對方讓我變成這樣，這也是無可奈何的」。而文廷的情況，則是為了不面對這樣的矛盾情緒，所以壓抑自己的負面情緒。她說在開始精神分析之前，從來不曾對任何人說過父親帶給她的創傷。雖然她說自己並不是刻意壓抑，而是從來沒想過要告訴別人，但這就代表她下意識壓抑著這樣的情感。而當別人的情緒讓她感到不愉快時，她也會採取相同的應對方式。

在會談的過程中，我可以看出文廷面對會讓她心情不好或是生氣的情況，總是無法察覺自己的情緒。小時候的她為了處理來自父親的強烈情緒，所以才發展出這樣的行為模式，而這同時也是文廷用來維持「假我」的手段，她認為「心情不好也要裝酷，這樣才會被大家喜愛」。

為了讓她可以意識到自己的情緒，我建議她開始練習寫「情緒日記」。文廷爽快地答應了我的提議，彷彿寫作這件事並不是她的工作一樣。但試過幾次之後，她發現自己連「喜歡」「討厭」都沒辦法好好表達，這樣的情感壓抑讓她很慌張，因為這表示她真的刻意忽略自己的情緒，刻意迎合他人喜好。

但透過要她察覺不安、憤怒、怨恨等負面情緒的練習，她漸漸開始可以不受影響地接受自己內心對父親的矛盾情緒。她的用詞開始更多變、更直率，原本被壓抑的情緒，也像是透過排水口流出的水一樣得以抒發。看著她擺脫假我，面對真實自我的樣子，那個過去在住院醫師時期，總是不安地翻看病歷的我，也慢慢放下心來。但好景不常，某天又發生了讓我感到緊張的事情。

讓他看到，理想的我

「醫生，我跟男友分手了。」

文廷一坐到椅子上就劈頭告訴我這件事，讓我很慌張。因為在那之前，她從來不曾跟我提過她跟男友的衝突。

「是喔？什麼時候的事？」

「兩天前。」

「原來如此，但我好像沒有聽妳說最近跟男友的關係變差，有什麼特別的問題嗎？」

「沒有，至少我覺得沒有什麼問題，但他卻突然說要分手。」

「所以不是妳先提議要分手，這樣妳會覺得很難過嗎？」

「會，我有點嚇到，但還是照他的意思做了，可是男友說的話讓我很在意。」

對即將離去的戀人毫不留戀的「酷」態度很讓我在意，但我同時也覺得，或許在文廷的戀愛史當中，這種分手並不是什麼大不了的事。

「男朋友說了什麼？」

她面露難色地想了一下，然後開口說：

「我有點擔心醫生你聽了可能會覺得很怪。」

「不用擔心，就放心說吧。」

「那個……我男朋友說，我變了很多，然後他說……」

我冷靜地點點頭，等她繼續說下去。接著她便像是下定決心一樣，深深吸了口氣說：

「他說我好像喜歡你。」

有一段時間我做不出任何反應，只能瞪大眼睛看著她。「她喜歡的人是我？」我腦海中立刻浮現「移情作用」這幾個字。移情作用在治療過程中是很自然的現象，文廷在先前的會談中，也都曾出現可能是移情作用的跡象。但直接聽她講出來，卻讓我比想像中更加震驚。身為精神科醫師，這時候該做什麼反應才好？雖然我也覺得要利用這個移情作用更深入她的內心，但不知道該不該把這個想法說出來。

沉默在診療室裡擴散開來，文廷發現我很慌張，便帶著尷尬的笑容想要緩和氣氛。

「我不該說這件事的，只是在想把這件事講出來不知道有沒有幫助。」

「不，我想這件事應該很難以啟齒，但還是感謝妳說出來，妳男朋友為什麼會說這種話呢？」

我終於打起精神，讓自己坐正。因為是跟我有關的事情，所以雖然有點尷尬，但在會談中討論到的事情，一定要好好深究。

「我開始接受精神分析之後，說了很多跟你有關的事，然後也會隱約地拿你跟他兩人來比較。」

「原來如此，那妳怎麼想？妳喜歡我嗎？」

我有點在意，不知道這問題會不會很奇怪。

「嗯，我不知道，但我確實經常想起醫生。老實說，我有時候也會想，希望能跟你這樣的男性交往，但我不知道這算不算是喜歡你。」

「原來妳是這樣想的，那想跟我這樣的人交往代表什麼意義呢？」

幸好我的反應好像還算自然。文廷聽完我的問題之後，稍微思考了一下才回答：

「之前不管遇到再好的人，我都不太能把真實的一面展現給他們看。我覺得對方對我很好，我也應該讓對方看到他理想中的我。以前我會想當一個精心打扮、善解人意、無論什麼事都很願意配合的女朋友。但跟醫生聊過之後，我開始覺得可以不必刻意隱藏自己、不必刻意打扮自己。如果跟像你這樣的人交往，即使表現出最真實的一面，好像也可以被愛。」

聽到她說「應該讓喜歡的人看到理想的樣子」時，我突然想起文廷與父親的關係。她父親以自己的方式犧牲奉獻，而且只在文廷依照他的想法行動時才會愛她。這樣的經驗，變成一種文廷與男性互動的原則。讓她覺得若想在戀愛關係中被愛，就必須配合對方的要求。

回應對方的期待，導致開始怨恨對方

而當關係越來越深入的時候，文廷就又會選擇和男友分手。

雖然一方面是因為害怕對方不喜歡自己真正的樣子，但另一方面，我也覺得或許是她下意識地將對父親的矛盾情緒套用在男友身上。就像為了獲得父親的愛，於是她必須努力回應父親的期待，進而導致她開始怨恨父親一樣；在愛情關係中，為了配合對方的要求，讓自己變成對方理想中的樣子，但時間越久越感到不自在、越反感。不過在身為精神科醫師的我面前，她漸漸脫下這個面具。文廷理想的男性，追根究柢應該是理想中的父親才對吧？

「我覺得，妳似乎是在我身上找到理想型的條件。因為無論妳說什麼，我都會完全接受、了解妳的想法。」

我立刻把我的想法告訴她，她愣了一下，然後又恢復冷靜的表情。

「所以這個意思是說，我並不是喜歡醫生你這個人嘍？只是因為在你身上找到我理想的條件嗎？」

「對，我是這樣想的，妳覺得呢？」

「我覺得你說得沒錯，我本來也搞不太清楚，但現在有恍然大悟的感覺。」

文廷不斷點頭，臉上露出放心的表情。我沒有什麼處理移情作用的經驗，所以也不確定這樣的處理方式是否正確，但應該不會給她帶來不好的影響吧？

那天，我們並沒有多談她遭遇的狀況，而是談論了關於移情作用的事情，然後就結束了會談。幾天之後，我一直很在意那次會談有些很不自然的地方。

［移情作用］

喚醒我心中特殊情感的人

「喜歡上一個年紀很大，又是有婦之夫的主治醫生，這樣沒關係嗎？」

「醫生就像我的親生姊姊一樣和藹可親，一想到妳不知何時會離開我，我就很焦慮。」

在主持Podcast節目時，曾經接過幾位聽眾來信談論類似的煩惱。細節雖然有些差異，但共通點就是對主治醫師抱有特殊情感。這樣的情感，我們稱之為移情作用。

移情作用是下意識地將對過去重要人物的情感，完整套用在跟另外一個人的關係當中。

這裡所謂的「重要人物」，指的是和個案產生很親密的連結、持續在情感上有交流，在個案生活中，占據極大比重的人。最常見的是從父母轉移到配偶、兄弟姊妹、朋友或醫師身上。

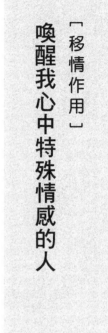

移情作用也可能會發生在不存在於現實中的虛幻人物身上，像是在父母施暴下長大的孩子，會幻想出「珍惜我、愛我的親生父母」，未來遇到會照顧自己的人時，就會把這種形象投射在對方身上，認為自己對對方有好感。

對對方有好感算是一種正面的移情作用，相對地當然有負面的移情作用。一直對某人莫名產生反感，或是想要逃避對方，那很有可能是將過去從別人身上感受到的強烈負面情緒，作用在新對象身上所致。之前，曾有一位只要站在上司面前就會害怕、無法好好工作的個案來求診。這位個案曾多次被上司大聲斥責，讓他想要辭掉工作。個案和上司都是五十多歲的中年男性，我們透過精神分析發現，之所以會發生這種情況，是因為個案的父親曾經是職業軍人，對他非常嚴苛，這也使他害怕、反感。

這樣的移情作用，會在我們了解個案的過程中扮演極重要的角色。就像上面提到的例子，即使造成移情作用的原因存在於過去，但因為這種感受深埋在心中，所以才會影響現在的生活。其中發生在醫師身上的移情作用，則能夠幫助醫師更直接地看清個案內心的問題本質，這是十分特殊的情況。知名心理學家佛洛伊德曾說過，醫師必須一直是一張「空白的圖畫紙」，以使個案能夠隨著潛意識的運作啟動移情作用。意思就是無論在怎樣的情況下，醫師都必須維持中立，這樣個案才能透過與醫師之間的關係，更清楚地展露出造成創傷的記憶及隨之而來的情緒。

不過，現在精神科所進行的許多精神分析，和佛洛伊德時代的古典心理學不太一樣，醫師通常會持續對個案的故事表達同理、表現出支持個案的反應。也是因為在這樣的氣氛之下，個案才會對與移情作用無關的現實人物，也就是對醫師抱持好感。因此醫師必須更注意，不應隨意將個案的感情歸結於移情作用。

那對醫師產生移情作用時該怎麼應對？首先就是不要慌張，應該要了解這樣的感覺，是每個人都可能遭遇的自然現象。這種感情的根源存在於過去，不會因為我們刻意否認就消失。不過自己一個人煩惱這種感情究竟從何而來，也不是最正確的答案。還記得前面說過的防衛機制吧？即使情緒很強烈，但只要有可能引發內心的衝突，就會被壓抑在潛意識中，進而導致我們難以察覺這些情緒。

最好的方法，就是完整把自己的感受跟主治醫師說。對醫師說「我喜歡你」這句話確實很尷尬、難為情，但那也只是暫時的。這樣的感情，會成為個案探索內心的絕佳機會，所以站在醫師的立場來看，自然會非常感謝你的坦白。畢竟從結果來看，這可能會成為讓治療更進一步的契機。

〔談話室〕

每個人都有想逃跑的時候

那種想起上一次面談，就會覺得好像消化不良，哪裡不太舒服的鬱悶感一直無法平息。正好，輪到我在跟同期醫師一起進行的長期「案例討論會」上發表，於是我便提出了文廷的案例。案例討論是跟同事介紹自己分析的個案，針對感到困擾的部分尋求同事的建議，這在沒有客觀的指標可以評斷個案狀態的精神醫學診療當中，是「檢驗」精神科醫師的觀點是否恰當的必要過程。在這樣的研討會上，我們會針對診斷的正確性、是否對個案採取適當的治療方式、個案治療後的反應進行討論，比如被我診斷為罹患憂鬱症的案例，其他醫生是否也認同等等，這些都是我們討論的內容。

不出所料，聽完上一次會談的內容之後，志龍哥提出了一個很尖銳的問題：

「以前你很擅長引導個案自己發現問題，但在處理移情作用時，你似乎沒有傾聽個案的想法，而是直接告訴個案你的解釋。這是不是因為個案喜歡你這件事，讓你覺得很尷尬，所以想快點結束這個話題？」

過去在會談時，我會一直努力引導個案講話，避免都是我一個人在說話。但在處理移情作用時，因為想要快點結束這個話題，所以我完全沒有給文廷自己思考的時間。這或許是文廷在每一段關係中，不斷面臨到的核心問題，但我卻因為覺得尷尬，所以輕易做出了結論。

如果沒有共鳴，就無法說出口

「文廷，上禮拜我們不是聊到妳跟男友分手的事情嗎？今天我想再聽聽那件事情。」

文廷不解地搖了搖頭。

「嗯，我該再說些什麼呢？上次醫生不是已經說明過我內心的狀態了嗎？我也接受了那個想法。」

「但我覺得好像是我太急著下結論了。我擔心我沒有聽妳跟男友分手之後的心情，也沒有充分了解妳對我的感覺，就急著把我的想法告訴妳，妳覺得呢？」

她一言不發地看著書櫃上方，眼神非常平靜。

「妳能明白我的意思嗎？妳可以不必擔心我會覺得尷尬，我想聽的、想知道的，是妳真實的心聲。」

正當我覺得房間裡的空氣越來越沉重時，她開口了。

「當時我理性上能夠理解你的說明，但總覺得心裡不太舒服，不像之前一樣有豁然開朗的感覺。我也想過為什麼會這樣，應該是因為那天我覺得，醫生並沒有對我的情緒產生共鳴，但那時我實在沒辦法把這種感覺說出口。」

「原來是我的說明讓妳覺得不舒服，那妳沒有馬上把自己的想法告訴我又是為什麼呢？」

「我怕你會失望。」

「妳認為我對妳有特別的期待嗎？」

文廷一言不發，只是呆呆地看著我，我可以從她的眼神中讀出她的答案。在案例討論時，同事說像文廷這種要獲得對方好感才能保護自尊的人，即使對我的說明感到疑惑也不會表現出來，反而可能會擺出同意的態度，同事說的話沒錯。

「但也因為你的解釋，我才能釐清自己的想法。之前我一直覺得，太過認真的關係只會給自己帶來壓力。透過會談，我才知道那是因為我的自尊心比較低，所以害怕展現自己真實的一面。但那天，聽完醫生說的話之後，我就在想其實還有其他的原因。」

「其他的原因是什麼……？」

情緒不斷累積

「過去我一直配合男友的期待，髮型、約會的行程都以男友的意見為主，雖然沒有人強迫我，但我就覺得自己該這麼做。」

「是因為妳覺得如果不想失去男友的愛，就一定要這麼做嗎？」

「對，感覺只有這樣他才會繼續喜歡我。但時間一久，我開始很難壓抑自己。雖然至今我從來沒有意識到這一點，但卻下意識對此感到厭煩，甚至會覺得我為什麼非得做到這個地步。這樣的情緒不斷累積，到一定的程度就會爆發，然後只能分手。我突然說要分手，也讓對方驚慌失措。其實我也不知道自己為什麼會這樣，只是心裡某個地方覺得和這個人在一起不舒服，但跟醫生聊過之後，我開始意識到讓我不舒服的問題在哪裡。」

「在會談時察覺的嗎？」

「對，我會拿跟你們兩個在一起的感覺來比較，跟醫生在一起我比較會說自己的事。一開始我覺得很尷尬，感覺就像把自己最私密的事情攤在陽光下，也怕醫生會覺得我很懦弱、無法照顧自己，非常不安。但會談的過程中，我開始熟悉正視自己的情緒與內心，也覺得跟醫生相處起來比較自在，所以漸漸不再什麼都配合男友。換成是以前，就算有這種想法，我也會刻意忽視，但我現在覺得『那不是我真正的想法，這才是真的』。」

像醫生這樣自尊心很高的人也會逃避嗎？

「男友是因為察覺了妳的改變，所以才會提議說要分手嗎？」

「對，雖然提分手的人是他，但追根究柢是因為我。」

現在才終於慢慢能夠理解，為什麼文廷總是單方面宣告分手。

雖然她開始面對壓抑的內心、會把這些情緒轉變成語言，而且也比較熟悉自己的情緒了。但無法自由地在日常生活中，表達出心中最真實的情緒，這就是另外的問題所在。我突然想起上一次會談時，文廷告訴我跟同學見面的事情，當時她是這樣說的：

「很奇怪，跟朋友見面不像之前那麼開心了。一開始我覺得是不是她們變了，總覺得哪裡怪怪的。回家之後我開始寫情緒日記，才終於知道為什麼。不是朋友變了，而是我察覺到自己不舒服的情緒。我一直很在意別人怎麼看我，慣於把對方想要的『正確答案』當成是我真正的想法，然後刻意配合別人，那天我第一次覺得這樣的自己很陌生。」

壓抑著文廷的，是希望所有人都能喜歡自己的不切實際。察覺到這一點的她正逐漸改變，但將內在的表現反應在與他人的關係上，還需要一些時間。因為周遭的朋友對文廷的期待，還是改變之前的她。但在診療室裡的我知道她的過去與現在，也支持她的改變，所以在跟我的關係中，她可以盡情坦白，而這也衍生成她對身為醫師的我所抱持的好感，這真的只是單純的移情作用嗎？

對真實人物抱持好感是很複雜的情緒，我卻全部歸結於移情作用，難怪文廷會覺得自己的感情被否定。

「我跟醫生聊天時覺得很開心，有時候甚至不覺得這是在精神分析。雖然不知道這樣的感情恰不恰當，但當你那天說出『對父親的幻想』這句話時，老實說我一方面雖然接受這個說法，但另外一方面也確實覺得很難過。」

「謝謝妳這麼誠實地告訴我，我想要說出這些話，對妳來說應該也不容易。」

我的話說完，診療室又陷入一片沉默。雖然一瞬間不知道該怎麼把話題延續下去，但我很確定，不能再繼續迴避下去。

「妳的感覺沒有錯，而我也因為覺得有點尷尬，所以沒辦法自然接受妳說的那些話，為了逃避這種讓我尷尬的感覺，才會不假思索地急忙解釋給妳聽。」

「像醫生這樣自尊心很高的人也會『逃避』嗎？」

文廷笑著說。

「當然會，我也是人啊。我偶爾也會很擔心自己的表現是好還是壞，遇到好像沒辦法掌控的情況也會想要逃避，那天跟妳會談時就是這樣。」

「我不知道醫生居然有這種想法，因為感覺你一直都很有自信，不太會被動搖。」

「妳也是，在別人眼裡妳並沒有不好，但還是會懷疑自己、害怕不被肯定。這是因為妳心裡一直有個聲音在督促著自己：『如果想被認同，就要做得更好！』『如果想被愛，那就要隱藏真實的自己，照別人的期待行動！』我也是一樣，現在還是偶爾會被這種聲音影響。」

一直自責，反而無法坦然接受自己

我也不太擅長把內心真實的想法告訴別人。每次都會想，身為一位精神科醫師卻坦率地表達自己的真實想法，這樣究竟恰不恰當，但我想告訴文廷，不是只有她有這種問題和煩惱。希望她了解到，除了醫師的身分之外，我也是一個不成熟的普通人，也希望這能夠幫助她以更樂觀的態度看待自己。

文廷沉思了一下，然後冷靜地說：

「聽完你今天說的這些，我反而覺得很輕鬆。老實說，上次有種就連醫生也不了解我的感覺，讓我很難過，也讓我覺得好像不該跟你說，擔心你會因此討厭我。」

「我跟妳期待的不一樣，會不會讓妳失望了呢？」

「不會，雖然煩惱的程度不太一樣，但知道醫生跟我有類似的煩惱，反而讓我有被安慰的感覺。我原本覺得是不是因為我不夠好，所以才會經常感到尷尬、想要逃避讓我痛苦的感情。但現在知道不是只有我這樣，反而更有勇氣了。」

「沒錯，想要逃避難以面對、尷尬的情況是人之常情，我認為不斷重複這樣的過程，進而掌握自己的心態是很重要的事，但不需要因為這樣就責怪自己不好。如果一直自責，反而會無法坦然地接受自己，最後可能又會開始逃避，重要的是了解，然後接受。」

「了解，然後接受嗎？」

「對，寫作到一半突然想停下來的時候，就要意識到是自己想要逃避這個情況，然後接受這樣的自己。不要覺得又來了，然後對自己失望、失去信心。要給自己一點時間、一點勇氣。

想要熟悉這個過程，就必須要好好練習。其實我也是，今天要跟妳聊這些，真的很需要勇氣。承認自己做出不成熟的反應，其實很困難，所以我很擔心妳會因此失望，但我還是努力接受我的擔憂，其實我自己也還在努力練習。」

「原來醫生也在跟我一起練習，那你是不是該退門診費給我？」

開了個玩笑，樂開懷的文廷，看起來像是放下了肩上的重擔。我承認自己的缺失，從此也不再是單方面理解、接受文廷一切的「理想男子」。但我同時也找到了新的定位，那就是跟她有著類似的擔憂與煩惱，像朋友一樣的精神科醫師。擔心她其實沒有對我產生移情作用、害怕她變得不信任我，都只是杞人憂天。文廷反而藉著這件事更加深入了解自己的內心，也更能自在地把自己的想法說出口。

＊＊＊

文廷的不安，並沒有因為會談全部消失。她依然對個人創作的評價非常敏感，但是她不再忽視這些不安，下意識逃避的行為也漸漸消失。透過更有效率的創作，反而開始獲得比以前更好的評價。

書寫情緒日記、嘗試傾聽自己的內心，成了文廷重新「控制自己」的起點。

雖然情緒和想法無法百分之百依照個人意志調整，但光是試著了解情緒與想法，就能夠一定程度地預測、控制自己的行為。熟悉依照個人意志控制行為的方式後，就會覺得生活都在自己的掌控中，這稱為自我控制。自我控制會發展成「自我效能」，讓我們相信自己有實現某些事情的能力，最後會成為我們常說的「自尊心」，讓我們相信自己有價值、值得獲得尊重。

我只叮嚀才剛開始改變的文廷一件事：接受情緒這件事，即使有時候不如人意，但也絕對不要失望。就像剛學會騎腳踏車，沒辦法馬上騎得很快一樣，即使發現了問題所在，想用全新的方式來面對這個世界，但我們不可能立刻擺脫過去熟悉的想法，我們需要時間熟悉新的思維，在這過程中即使失敗幾次，也不是什麼大問題。

重要的是不要逃避，而是努力面對。

〔情緒日記〕

找到連自己也不知道的情緒

我們在日常生活中常提到「情緒」，但如果真要用語言來說明情緒是什麼，卻又會發現這似乎不如想像中容易。如果想用語言表達情緒，那就要練習了解這些情緒，也就是必須專注平時不太會注意到的內心狀態。而且如果是像文廷這種，總是把真心隱藏在笑臉面具下的人，剛開始時肯定會遭遇困難。

如果你是這樣的人，那我建議你試著寫情緒日記。首先，找出一天中最讓你印象深刻的一件事。不必很特別，即使只是和平常差不多的事情也可以，把事情具體寫下來，然後寫下那個事件讓你產生怎樣的情緒。

這時候要盡量寫詳細一點，接下來再寫是什麼樣的想法引起這樣的情緒。我們總會用「心情好的事」「心情不好的事」這種方式來描述，這是因為我們都以為事件本身會引發情緒，但其實引發情緒的並非事件，而是看待該事件的想法。最後一個階段，就是要寫下想法與情緒產生之後做出的行為，下面是個簡單的例子：

事件：因為一整個晚上都聯絡不上男友，所以我們起了爭執。我傳了簡訊，但只收到一封短短的回覆，連通電話都沒有。

情緒：心情很差。（×）→我想跟男友在一起，但卻不行，這讓我很焦慮、很不開心。我一直擔心他是不是發生什麼事、一直很緊張，我對這樣的自己感到失望，真討厭害我這麼緊張的他。（○）

想法：男友的反應跟平常不一樣，感覺很奇怪。我在想，他會不會是丟下我跑去跟誰見面了，真不知道為什麼都是我單方面在黏他。

行動：電話一接通，我就生氣地對他大吼大叫。

一般人並不會特別去想該如何解釋事件的意義，也不明白那樣的解釋會引發什麼情緒。大多數的意外和情緒反應，都是依照自己過去學來的行為模式自動運作。但這種再自然不過的反應，通常是折磨我們的問題核心。情緒日記可以幫助每個人練習了解自己的想法與情緒，並將這些化作語言，也讓我們有機會發現過去未曾察覺的錯誤行為模式。適當地為這些深藏在內心、雜亂無章的情緒命名，那就是解決心理問題的第一步。

書寫情緒日記、嘗試傾聽自己的內心。
重新「控制自己」的情緒與想法。

「自我控制」會發展成「自我效能」，
讓我們相信自己有實現某些事情的能力，
最後會成為我們常說的「自尊心」，
讓我們相信自己有價值，值得獲得尊重。

STORY
02

因為莫名的情緒而混亂嗎？

舞台劇中，
要進入下一幕之前，
會為了整理舞台上的擺設和道具暫時關掉燈光，
這稱為「暗燈」。身為一位精神科醫師，
偶爾會遇到好像站在舞台上表演一樣的個案。
比如說在準備進入人生的下一階段時，
會經歷一個如告別儀式的成長痛；
或是像要離開熟悉的對象、失去固定的居所時，
會深深地為這種悵然若失的感覺所困擾。
那難以面對的過去，會像幽靈一樣，
不斷出現在現實生活中折磨自己。
洪珠就是在面臨這種成長痛時刻前來求診。

——「腦內探險隊」金志容

〔談話室〕

太太很奇怪

雖然大兒子以三・二公斤的嬌小身軀來到這個世界，但他卻像個黑洞一樣，以不可思議的重力，拉扯我與太太的生活。前幾週孩子時時刻刻都在哭，那哭聲對我來說有如不知「何時」、「為什麼」會響起的緊急災難警報。每到這時，我們會想遍各種情況，在經歷各種折騰之後，警報才像是累了一樣自動停下。

也因為這樣的回憶實在太過深刻，所以當我第一次見到有個一歲女兒的永才和洪珠夫妻時，便不由自主地將他們當成是自己的夥伴。不出所料，兩人認為夫妻所面臨的問題是「產後憂鬱症」。是啊，這確實是一段很辛苦的時期。

我用一副像是什麼都知道的表情，帶著包容的微笑看著這對新手夫妻。

「醫生，我覺得我不是憂鬱症。」

看起來比我還年輕的洪珠，進到診療室裡一坐下就歪了歪頭。她先生稍微解釋了兩人遭遇的情況，但她看起來並不同意這樣的說法。

「我先生說我最近很怪，給我看了產後憂鬱症的報導，說這就是在講我。那篇報導有些內容我是深有同感，但我並不憂鬱。產後憂鬱症也是憂鬱症，但我並沒有像一般憂鬱症一樣，不想跟人見面，而且也沒有一直覺得提不起勁。」

「原來如此，那妳說對產後憂鬱症的報導有共鳴的部分是哪些呢？」

說話很有條理的洪珠，緊抿著唇露出有些困擾的表情。這時候，她先生永才說話了：

「由我來說有點不太好……但就是她會動手打孩子。她原本不會這麼做，但從一個月前開始，卻突然會對孩子發脾氣，有時候還會出手打小孩，接著又因為覺得對不起孩子而哭個不停。雖然她說她不是憂鬱，但情緒起伏實在太大了，這應該算是憂鬱症的症狀吧？」

聽完先生的說明，我的臉隨即轉向洪珠。她看起來慈眉善目，非常善良，不像會打孩子的媽媽。但一個人的長相，並不能告訴我們他會不會打孩子。

我一邊聽永才說的話，一邊提醒自己以貌取人是很危險的行為。

突然對孩子發火

兩人三年前認識，交往了五個月後就結婚。他們只有一個一年前出生的女兒，永才是一位公務員，經常需要加班，所以育兒工作幾乎全部由洪珠負責。懷孕之後辭去中小企業行政職的洪珠，在沒有雙方父母與幫傭的協助之下，獨自照顧女兒。女兒剛出生時還沒有任何問題，但突然從一個月前開始，洪珠會對女兒大發雷霆、用手掌大力打女兒的屁股。打完之後，卻又像變成另一個人一樣，被自己剛才的舉動嚇到，並難過痛哭。

先生說明的時候，洪珠一直抿著唇、緊握著拳頭，明顯是對這番話感到不自在。

「確實是會讓人擔心呢。你說一個月前突然開始這樣，當時是否發生什麼讓太太很有壓力的事呢？」

「沒有，沒發生什麼特別的事。」

「有件事讓我很在意。」

洪珠與先生的回答並不一致。洪珠說沒有什麼特別的事，但她先生卻接著繼續說下去。

「她跟我吵架了。我們從交往到現在從來不曾吵過架。她通常都會大方接受我的意見，但一個月前那次，是我們認識以來最嚴重的一次爭執，我想會不會是從那時開始改變的。」

「發生什麼事情讓兩位吵架了呢？」

「因為她真的讓我很生氣。要自己一個人照顧還沒滿週歲的小孩本來就不容易，我父母親又住得很遠，不可能請他們幫忙，雖然很不好意思，但也只能請住比較近的岳母幫忙，沒想到我太太卻一口回絕，說不能因為一個小孩照顧不好，就去給她媽媽添麻煩。我提議不然請個幫忙打掃、煮飯的幫傭，但她也說不要。這樣也不要，那樣也不要，我真的是氣不過，所以就說岳母明知道自己女兒正為了外孫女在受苦，但卻不當一回事，怎麼可以這麼無情。結果……」

「不要再說這件事了，這兩件事哪有關係？」

「醫生你看，她平常不是會大小聲的人，但一提到岳母的事情就會變得很敏感。」

先生越展現出想要解決問題的態度，身為當事人的洪珠表情就越是不自在。我對先生說謝謝他讓我更了解狀況，並請他先到休息室去等候。最重要的是，要透過當事人洪珠的說法來了解整個事件。

已經獨立的人，為什麼要別人幫忙

診療室裡只剩下我們兩個之後，從剛才就一直坐立難安的洪珠便急忙開口：

「醫生，我先生是因為覺得他幫不上忙很抱歉，所以才會責怪我母親。我母親一個人經營一間店，把我們家三個孩子養大。現在好不容易可以過自己的人生，我怎麼可能拜託她再來幫我顧孩子？這樣真的太不知羞恥了。」

「原來是因為這樣，所以才不請妳的母親幫忙。妳說妳是三姊弟中的老二對吧？那妳的姊姊跟弟弟，也都是在沒有母親的幫助下自己帶孩子嗎？」

聽完我說的話，洪珠帶著驚恐的表情搖了搖頭。

「我跟姊姊和弟弟關係不好。他們都已經三十幾歲了，但還是很依靠母親。弟弟是老么，所以雖然已經成家立業，但在母親眼裡他依然是個孩子。我姊姊……姊姊從小就很自我，很不懂事，所以怎麼可以連我都依靠母親？」

既然結婚了，就要自己負責做家事、帶孩子，只要是夠獨立的人一定都能理解這種想法。但帶孩子這件事情，相當於二十四小時都要配合別人，所以即便獨立、即便意志堅強，依然會難以承受。況且洪珠的姊姊和弟弟都一直依靠母親幫忙帶孩子、打理家務。三姊弟中只有她一個人不接受父母任何協助，多少也能夠理解為什麼洪珠的先生會埋怨。

像我這樣的媽媽，不要存在比較好？

「父母跟兄弟姊妹的事情我們以後慢慢談。今天先來談談妳和女兒的事吧。要妳說可能會有點困難，但我還是想了解一下妳是在什麼樣的情況下會對孩子發火？可以回想一下最近的情況。」

「我……我也不知道。」

「沒關係，突然要想，大家一定都想不出來，畢竟這不是什麼好的回憶。請妳說說看最近發生過什麼情況，或是妳現在想到的一些小事也可以。」

「最近一次生氣……是昨天。我因為照顧孩子錯過晚餐時間，很晚才要吃，但孩子卻一直吵著要我抱她。我已經抱她一整天了，連一頓飯都不能好好吃，感覺就像是她故意扯著嗓子哭給我聽，要來折磨我一樣。我知道自己說的話很不可思議，但昨天真的太生氣了……實在想不起來我到底做了什麼。正好下班回家的老公阻止了我，他說我那時候正在打女兒的背。我覺得我應該是瘋了，醫生也覺得我很奇怪吧？」

「不，妳不必在意我怎麼看妳。妳原本不會這樣，現在只是突然出了點問題而已，妳可以放心說下去。」

「一個月前，不管再怎麼辛苦我也不曾打過孩子。為什麼會突然變成這樣呢？我也覺得很困擾，孩子不知道會有多慌張？像我這樣的媽媽，不要存在是不是比較好？我長這麼大，從來沒有被我媽媽打過。她不僅要照顧我們三個孩子，還把工作顧得很好。但我只是在家裡帶孩子，怎麼會變成這樣？要是被她知道我打孩子，那她會有多失望……」

洪珠好不容易忍住即將奪眶而出的眼淚，用細細顫抖的聲音艱難地說著。擔心自己的存在反而會害到心愛的孩子，我可以從她說的話中感受到她的真心。但為什麼跟女兒有關的事情，卻會突然轉為對母親的罪惡感呢？是因為剛開始會談時，先生提起她母親的事情嗎？或者說這是了解洪珠內心的重要線索呢？

一起找出憤怒的原因

我們一直談到已經超過時間很久，才終於結束第一次會談。我對坐在洪珠旁邊的先生說，洪珠罹患產後憂鬱症的可能性並不高。由於急遽荷爾蒙變化導致的生理性產後憂鬱症，通常是在產後三個月，最遲也會在六個月內發生。但洪珠的變化，卻是在已經過了一般的發病時期之後才出現。

除了瞬間表現出憤怒的情緒之外，並沒有其他的憂鬱症症狀。再加上過去她不曾罹患過憂鬱症，也沒有類似的家族病史。比起因為生理變化引發的產後憂鬱症，我推測應該是複雜的心理因素所致。

不過，瞬間爆發的憤怒確實是個不容忽視的問題，而且洪珠發洩憤怒的對象，是完全沒有自我保護能力的一歲大嬰兒，這也使情況更加嚴重。我們決定一星期定期會談一次，一起找出讓洪珠憤怒的原因，並尋求改善問題的方法。我看著洪珠的眼睛，叮囑她一件事：

「下一次會談之前，如果又對孩子發脾氣的話，那時妳要問自己『我現在是因為什麼才會這麼生氣』。不要注意孩子的行為，而是要注意妳自己的情緒。」

洪珠聽完我的話之後輕輕點點頭，說她會注意。我看著兩人離開診療室的背影，心中懇切地祈禱希望下次會談之前，洪珠都不要再打孩子。診療室的門關上之後，我為了記錄這次面談的內容，便把身體轉向螢幕，接著便看見放在書桌上的相框。我的視線在兩個看著我笑得很開心的兒子身上，停留得異常地久。

〔產後憂鬱症〕

當最棒的祝福成了最痛苦的時刻

女性罹患憂鬱症的機率是男性的兩倍。原因有很多，其中最大的原因，就是女性荷爾蒙跟憂鬱症的關聯性比男性荷爾蒙更高。女性荷爾蒙會因為月經、停經以及生產等生理狀況急遽改變，這會對血清素等大腦荷爾蒙產生影響，進而引發憂鬱症。

尤其是生產過後的產婦，過去十個月在自己體內分享一切的小小生命體瞬間消失，對產婦來說是很大的變化，所以生產對情緒的影響也很大。有百分之七十五的產婦，在生產完數天內會沒來由地感到憂鬱、不安，也很容易流眼淚。

這種「產後憂鬱感」，大部分不需要治療就會自行康復，但有百分之十到十五的產婦，在生產完後三個月內會罹患「產後憂鬱症」。

「產後憂鬱症」和會完全消失的「產後憂鬱感」不同，是一定要請求專業協助的問題。因為產後憂鬱症不僅會對個案的生活帶來影響，未來復發的可能性很高，也可能會發展成躁鬱症。再加上這段時期，孩子會透過與母親之間的關係，來建立待人方式與自我的個性，所以如果母親因為憂鬱症而失去活力，就難以和孩子產生強大的連結。因此，無論是為了母親還是孩子，產後憂鬱症都是必須盡快治療的問題。

產後憂鬱症的發生，並不完全由荷爾蒙造成。在這個一整天都必須專心帶孩子的時期，產婦會感受到與社會脫節的隔絕與孤立感，這樣的情緒會給憂鬱症帶來很大的影響。人類基本上來說是一種社會動物，無論孩子再怎麼可愛，一個人突然斷絕所有的社會連結，情緒一定會受到影響。研究顯示，其他的家庭成員把照顧小孩這件事交給產婦，讓產婦進入「孤獨育兒」的狀態，更會增加產婦罹患產後憂鬱症的機率。如果社會上能有更多人知道憂鬱症必須在初期就盡早接受專業治療，而且家人也必須一同參與育兒活動，這樣受產後憂鬱症所苦的母親是否就會漸漸減少？

〔談話室〕

為什麼總是對媽媽感到抱歉？

「您家中有兩個孩子嗎？看您東西都買兩份。」

那是我接到太太的指令，在下班路上順道繞去超市幫孩子買零食時發生的事。為我結帳的店員親切地向我搭話，忙著把東西裝袋想早點回家的我，聽到店員說的話便轉頭看了看我買的東西。除了太太和我小酌時要喝的罐裝啤酒之外，其他的零食、麵包、人氣動畫主角公仔，甚至連二兒子幾乎不吃的冰淇淋，我都買了兩份。

如果有兩個孩子，那東西就一定都要買兩份，而且設計跟顏色都要一樣。

這樣才能夠防止兄弟姊妹之間，因為對方分到的東西比較多而哭鬧。若家中有年齡差距不大的子女，父母就更可以透過多次類似的經驗，學習這樣的智慧。由於家裡的兩個兒子只差一歲，所以我在買小孩的東西時，也一定會買兩個一模一樣的。在抱大兒子時，會同時安慰也在哭鬧討抱的二兒子；抱二兒子時，則會去注意因此不開心的大兒子。這種年齡差距不大的手足之間，相互競爭物品或父母關注的「競爭心態」，在成長過程中是很自然的現象。

結完帳要離開時，我突然想起上次跟洪珠的會談。我說想聽聽她小時候的事，洪珠便告訴我她是「自己一個人也能過得很好的乖孩子」。通常「夾」在老大跟老三之間的老二，成長過程都不會太過平順。更何況跟洪珠只差一歲的弟弟，是家庭觀念相當保守的父母親殷殷期盼的兒子，所以我認為她在成長過程中，應該會產生相對的剝奪感。但會談過程中，洪珠並沒有表現出這種態度，我想下次會談時，應該要跟洪珠多談談這方面的事情。

我不能自私地只想著自己

「妳沒有上大學，而是到媽媽的店裡幫忙對嗎？」

「我家的狀況沒辦法讓三個孩子都上大學，媽媽要負擔姊姊跟弟弟的學費已經很辛苦了，所以就問我要不要別上大學，直接到店裡幫忙。其實我是三個孩子當中最會讀書的，但我不能自私地只想著自己。」

「出去找工作是在媽媽把店收起來之後的事嗎？」

「對，懷孕之後我也想繼續工作，但老公跟婆家都希望我不要太勉強自己，所以就辭職了。」

「看來妳很適應公司的生活嘍。」

「雖然沒有特別喜歡上班，但自己一個人在家也沒什麼特別的事情，而且父母親退休之後也需要生活費。」

「原來如此。那結婚之後，妳還是持續有給父母生活費嗎？」

「對，姊姊跟弟弟不太會顧到他們，能怎麼辦呢？至少我得要顧到他們兩個吧。他們辛辛苦苦把我扶養長大，我卻將近一年沒能給他們生活費了，真的很抱歉，我也在想這樣下去真的可以嗎？」

「妳覺得很抱歉嗎？」

「對，真的很抱歉，而且現在我的情況……連一個孩子都照顧不好，還來看精神科。真的很慚愧，要是他們知道我因為打小孩而來看精神科，會怎麼想呢？」

洪珠停下來，擦了擦眼角的淚水。我把桌子上的面紙推到她前面。回想她所說的話，心裡一直覺得哪裡怪怪的。抱歉，抱歉？不，到底為什麼會感到抱歉？

洪珠的成長過程可以歸納成：安靜、聽話的好孩子，會自動自發讀書上進的模範生，考慮到家中經濟因素所以沒有上大學，而是到父母的店裡幫忙，但從來沒有抱怨過一句的孝女，結婚後還是持續寄生活費回家的女兒……相反地，洪珠卻幾乎沒有獲得家中的支援或是關心。

我想想第一次會談時，洪珠老公吐露不滿的樣子。聽了她說的話之後，連我也開始跟洪珠老公有一樣的想法了。洪珠成長過程中遭受到父母親的差別待遇，會覺得鬱悶、怨恨都是很自然的。

但身為當事人的洪珠反而沒有責怪姊姊和弟弟，更接受了父母的差別待遇。

為什麼要成為順從父母的女兒呢？

「小時候妳跟姊姊和弟弟的關係怎麼樣？」

從第三者的角度來看確實是差別待遇，但不知道當事人究竟怎麼想，所以我才問了這個問題。

「不怎麼樣，並不是特別好，但也沒有特別差，可是姊姊好像很嫉妒弟弟，甚至連小時候的我都覺得她很不懂事。看著這樣的姊姊，我就覺得自己不可以這樣對弟弟。媽媽也總是對我說『其他兩個孩子都很讓人費心，只有妳很獨立』，弟弟至今還是很讓媽媽費心。結婚後因為是雙薪家庭，所以每到週末媽媽就會帶一些小菜過去給他，而他也毫不在意地接受……」

「原來如此，那妳跟弟弟給妳什麼樣的感覺？」

「就，有點……讓人失望？」

洪珠好像想說什麼，所以停了一下，但卻沒有繼續說下去。和說母親的事情時不同，在說手足的事情時，她看起來總是努力維持不冷不熱、毫不在乎的態度。是防衛機制的關係嗎？

洪珠的父母雖然很保守，但感覺不像非常獨裁的人。那為什麼洪珠會覺得自己必須要成為順從父母的女兒呢？

我提醒自己別太過逼迫洪珠，小心翼翼地問起她成長過程中令我好奇的部分。

洪珠說照父母的說法，她小時候經常和姊姊吵架。但弟弟出生後一、兩年，年幼的洪珠就突然變了。或許是因為身為么子的弟弟，出生後立刻獨占了父母親的愛，洪珠和姊姊的爭執再也沒有任何意義。那是不是可以假設有以下這樣的情況？遭遇到家中的新改變時，姊姊決定「至少我還是老大，不能輸給後來的孩子」，堅守自己的地位。相反地，夾在兩人之間的洪珠，就得去找可以獲得父母關愛的新方法。所以她決定當一個順從、不惹事生非的孩子。是否在經歷過好好聽父母的話、獲得父母的稱讚之後，她就決定這是自己的「生存之道」？

雖然洪珠希望透過順從來獲得愛與關注，可惜事與願違，父母沒有太過關心很聽話、不太需要他們操心的老二。這種反應很可能並沒有讓洪珠感到挫折與反抗，反而是讓她更堅守這樣的生存之道。她和姊姊與弟弟不同，不上補習班就能獲得好成績，還打工自己賺零用錢。我在腦海中整理了許多跟年幼洪珠心理有關的假設，並自然地說：

「妳從小就很穩重呢！」

「那又有什麼用，我現在連個女兒都照顧不好，我媽要是知道這件事，會說什麼呢……」

又是挫折感。洪珠低下了頭，似乎是想要掩飾自己好像快要哭出來的表情。

「洪珠，照顧不好孩子，要到醫院求助這件事情，讓妳感覺很對不起媽媽嗎？」

「對，因為我沒能做好自己該做的事。」

我思考著這樣的罪惡感究竟從何而來，趁著我整理思緒的空檔，洪珠問我：

「醫生，我是為了孩子的問題而來，但為什麼我們好像一直在談別的事？」

這是過去從來沒有聽過，一種讓人感覺不太自在的語調。

「孩子的事情當然也要談，但妳應該也有感覺，會談過程中，妳很自然地會提起母親的事、父母的事。雖然妳沒意識到，但既然會一直重複提起這些事情，通常都有特殊原因，所以我才會一直追問。」

結束會談後，洪珠離開診療室的表情實在讓我無法釋懷。看著她的背影，我陷入了沉思。她自然提起母親的事情，同時也對這樣的情況感到不適。會不會是害怕提起母親的事，反而會暴露了她對母親真實的想法？我突然想起「反向作用」這個詞。

【兄弟姊妹之間的競爭心態】

老大很獨立，老么很自私？

我們知道一個人的個性，取決於天生的氣質、與父母的關係、後天與同齡朋友的關係、過去的創傷等許多因素。阿爾弗雷德・阿德勒這位學者主張，出生順序會使我們擁有特定的個性。阿德勒的主張並非總是完全適用在所有情況中，但社會上確實有「老大獨立，老么自私」這樣的普遍認知。阿德勒所說的出生順序，究竟會給個性帶來怎樣的差異？

老大從在母親肚子裡開始，就是在眾人的關愛之下長大，所以總是很有自信、很果決。但弟妹出生之後，過去理所當然的關愛，就會全部轉移到弟妹身上。這時候產生的失落感，就像寶座被搶走一樣。這種打擊，會對孩子的人生造成全面的影響。如果父母能讓老大重新感受到充分的關愛，那失落感可能很快就會消失，但如果沒有，老大就會開始惹事生非，以

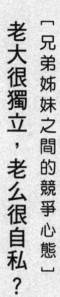

取得失去的關愛。但這種做法反而會失去更多的愛，不受父母關愛的老大長大之後，會對權力與地位產生興趣，在社會上取得一定的地位後，也會一直擔心有人取代自己。當然，迎接弟妹帶來的影響，對老大來說也會是一個成長的契機。如果父母能夠引導老大，請他一起幫忙照顧弟妹，那麼老大就可能會變成一個懂得照顧、幫助他人的人。

最後一個出生的老么，則有霸占父母關愛的傾向。他們不需要擔心有人搶走自己的位置，因為心理上的安定感很強烈，且獲得了充足的關愛，所以老么的社會地位通常會比其他兄弟姊妹高上許多。但老么也並非絕對有利。過度的關注與保護，可能會使老么不夠獨立。也可能會因為其他兄弟姊妹比自己更強勢，而使老么產生低人一等的感受。這種低人一等的感覺，會讓他成為最有野心的孩子，同時也會因為過高的野心而令他沮喪，進而成為最懶惰的孩子。

那夾在老大和老么之間的老二呢？老二從出生的那一刻起，就總是有一個比自己大的手足。因為跟隨著這樣的手足成長，所以通常比較早熟。因為很早就產生競爭心態，所以長大之後，會一直像被人追趕一樣，焦急地鍛鍊自己。這通常會成為一種原動力，促使老二在社會上取得巨大的成功。身為競爭者的老大如果太過強勢，或是突然出現一個弟妹，而使父母過度偏袒老大或老么的話，老二很可能會在這種情況下放棄競爭。

前面也提過，阿德勒的理論並非總是正確。尤其現在和阿德勒的時代不同，家庭的型態已經從大家庭轉變為核心家庭，幾乎很少有家庭會生三個孩子，所以這套理論套用起來確實會有些不太合適。但在跟個案會談時，他們的出生順序，確實偶爾也會提供線索，幫助我們找出個性的成因。各位覺得自己的個性，受到出生順序多大的影響呢？

〔談話室〕

總是自己看著辦的孩子

會談的時候，洪珠表現出來的情緒大多都是對母親的罪惡感。有時候比起挨打的一歲女兒，她對毫不知情的母親所抱持的罪惡感反而更大。我在想，或許這樣的罪惡感其實是來自於其他的情感也說不定。

「反向作用」。

人類遇到一定程度的憤怒，或是有足以發洩憤怒的對象時，可以很輕易地表達出自己的情緒。但如果過度憤怒，或當我們對父母這種潛意識中，認為不能忤逆的對象感到憤怒時，情緒就無法浮現到表層的意識中，經常被關在潛意識裡。

這種時候，被深埋在潛意識裡的憤怒，就會不斷呼喊，進而變成其他的情緒表現出來。在上一次的會談當中，洪珠表現出不願談論原生家庭，尤其是不願談論母親的態度。看到這樣的反應，我直覺認為跟母親的關係，或許是幫助洪珠面對問題的關鍵。

我總是可以一個人把事情做好

「暫時拜託別人幫妳帶孩子，妳覺得怎麼樣？為了孩子、為了妳自己，請別人幫忙似乎是比較好的選擇。」

會談剛開始，洪珠就哭著說她又再次對孩子動手。開始會談的這一個月間，會突然對孩子感到極度憤怒的情況雖然沒有惡化，但卻也沒有改善。我安撫著洪珠，同時也建議她尋求協助。

如果能夠請別人幫忙帶孩子，幫自己減輕心理負擔，至少可以降低對孩子發火的機率，或是減少對孩子施暴的機會。洪珠突然湧上心頭的憤怒，和對母親的罪惡感都需要更深入的治療，但現在保護孩子才是首要之務。我煩惱了很久才提出這樣的建議，但洪珠似乎很不能接受，全身僵硬且做出非常困擾的表情，不知不覺間她眼眶裡都是淚水。

「之前我也說過，難道要我因為養一個女兒遇到一點困難，就要請一輩子拉拔三個孩子長大，還要顧到工作的母親幫忙嗎？」

雖然沒有特別提到她母親，但洪珠又很自然地主動提起母親的事。雖然她可能是誤解了我的建議，但我認為洪珠的「精神專注」（cathexis，精神上能量集中的狀態或集中針對某個對象）正聚焦在她的母親身上，所以決定繼續觀察她的反應。

「怎麼可以連我都像姊姊或弟弟那樣麻煩她？而且我又不是小孩子了。」

我並沒有對洪珠的話做出反應，只是繼續沉默。醫師的沉默有時候能夠傳達「我想聽的並不是這種表面話」的意思。為了談論更深層的情感，有時候醫師會需要保持沉默，我承受著這令人不適的靜默，等待洪珠的反應。

不知過了多久，猶豫不決的洪珠好不容易開口，說出令人意外的話。

「我都沒跟老公說過，其實兩個月前我曾經跟我媽提過這件事。」

「請她幫妳照顧孩子嗎？」

「對，身邊的朋友大部分都是請媽媽幫忙，即使沒有主動提，娘家或婆家也都經常會去幫忙帶孩子。再加上我姊姊的孩子已經上幼兒園，弟弟還沒生小孩，所以我就問媽媽可不可以幫我帶一下孩子。」

不僅沒有跟老公說，就連會談時也從來不曾告訴過我這件事，洪珠為什麼要一直隱瞞？我不想讓她因為我過度激動的反應而退縮，所以便若無其事地問她：

「原來如此，那妳母親說了什麼？」

似乎沒辦法三言兩語就說清楚，於是洪珠先嘆了口氣才開口，雖然語調很平靜，但卻聽得出憂鬱與悲傷的心情。

「她說『妳不是都可以自己處理嗎』，所以我更說不出口了，畢竟我跟姊姊和弟弟不同，總是可以一個人把事情做好，所以這次我也得自己想辦法。」

在說這段話的時候我想看著洪珠的眼睛，但她卻一直低著頭躲避我的視線。眉頭微微皺起，門牙緊咬著嘴唇的動作，都顯示洪珠心裡覺得很難受。請求母親的協助卻遭到拒絕，對洪珠來說是很大的傷害。所以即使和老公大吵一架，她也沒有把這件事說出口，會談時如果不是我刻意誘導，她會保守這個祕密直到最後。

母親的影響力

「等等，這麼說來，妳遭到母親拒絕大約是兩個月前的事情嘍？」

這也更讓我確信，會談過程中談到的每件事情，最後都會和對母親的罪惡感連結在一起，並不是我的錯覺。我同時也確信，洪珠會突然對孩子發洩怒氣，也和請求母親的協助卻遭到拒絕有關聯。

「當時妳有什麼感覺？」

「當時嗎？感覺好像我不該提起這件事，我不能對媽媽提出這樣的要求。」

洪珠臉上的悲傷神情不知不覺消失，又恢復過去冷靜的模樣。她看著我露出微笑，這樣的她讓我想起過去這一個月來的她。洪珠每次來醫院時，都會買飲料給我，即使情緒高漲看起來快要流淚，也會立刻壓抑下來，然後像現在這樣露出微笑。她似乎是認為，即使面對身為醫師的我，也必須要展現最好的一面。

「原來如此，那當時的情緒怎麼樣呢？」

「我也不清楚，已經是兩個月前的事了，我不太在意。」

「模糊的感覺也好，或是重新回想起當時的情況後感受到的情緒，都可以告訴我。」

「我覺得自己太衝動了，居然會跟媽媽說這種話……也讓我有點後悔。」

「覺得早知道就不該提這件事嗎？」

「大概吧。但我真的不清楚，再怎麼想都想不起來，我們一定要繼續談這件事嗎？」

「談論這件事讓妳覺得不舒服嗎？」

「對，我是為了解決打小孩的事情才來的，但這一個月好像一直在談一些無關緊要的事，而且醫生你總是……好像我跟我媽之間有問題一樣，一直追問。」

「原來妳是這樣想的。想要了解妳的話，就有必要了解妳的成長過程。而對洪珠妳來說，母親的影響力似乎很特別、很大。我並不是把自己的感覺強加在妳身上，但如果我是妳的話，應該會對母親感到很無奈、很生氣吧。」

「我並沒有在忍耐對媽媽的怒氣，為什麼總是想要我去責怪我媽媽呢？」

洪珠似乎很不同意我說的話，突然激動了起來。平時很溫柔的人，突然露出截然不同的一面固然令我驚訝，但我同時也察覺到，她似乎也終於表現出一直深藏在心中的某些情緒。洪珠會不會在內心深處創造了一個無人可碰觸的神聖領域，並將當了一輩子公務員的權威父親，以及受貧困生活所苦，仍努力把三個孩子養大的母親封印在那裡呢？

對洪珠來說，我是一腳踏入聖域的入侵者，她努力想把這個入侵者趕走。

這樣的對峙一直持續到會談結束，都還沒有一點點軟化的跡象。洪珠比平時更快離開診療室，看著她的背影，我有預感未來的會談或許會遭遇到強烈的抵抗。

後來也證實了我的預感沒錯。

［反向作用］

被壓抑的情感，會轉向意想不到的地方

聽了洪珠的故事，會不會覺得很鬱悶呢？一輩子不曾反抗過父母，總是乖巧順從的她，卻遭受這種不聞不問的對待。大多數的人肯定不只覺得難過，甚至會氣憤難平，但洪珠卻不斷說很對不起父母。這種態度，是一種名叫反向作用的防衛機制。所謂的反向作用，就是不透過一般認知的行為，而是採取完全相反的行為，來表達壓抑的情緒和需求。俗話說「以德報怨」，反向作用就是這樣的一種防衛機制。反向作用出現的情況大致可分為以下兩種：情緒本身太過龐大，或是對不正確的對象抱持著錯誤的想法，或兩者皆是。

洪珠應該是屬於最後一種。

她很聽父母的話，透過這種方式來獲得個人價值認同，從決定這種「生活方式」的瞬間起，她就與父母建立起相當獨特的關係。一般人是偶爾對父母發洩負面情緒來排解不滿，但洪珠卻因為這種防衛機制，三十多年來從不曾對父母表達憤怒，一直壓抑至今。洪珠的超我無法忍耐這種對父母的巨大憤怒，所以如火球般又熱又強烈的情緒，只能被壓抑在潛意識裡。應該在潛意識與超我之間協調的「自我」，也站在超我那一邊，因為聽從父母的話就是她的人生目的。

無論自我和超我如何壓抑，憤怒這樣的情緒都不會消失。現實無法改變，而時間也不斷流逝，洪珠內心不滿的情緒自然越來越高漲。當潛意識再也無法承受的時候，憤怒就會避開自我與超我的監視，以和真實原因毫不相干的方式表現出來。以洪珠的情況來看，她的憤怒化身為無法擺脫「順從父母」這個人生目的的「罪惡感」。

反向作用這種防衛機制，雖然能夠在短期內有效處理負面情緒，但過度使用也會造成問題，就像洪珠的憤怒情緒以罪惡感之姿重新出現一樣。

這樣的情況使她陷入無法掌握個人真實情緒的狀態。

各位的潛意識裡，都藏著怎樣的情緒呢？是否有令你難以接受，隱姓埋名委身在潛意識中的情緒呢？

〔談話室〕

茫然的情感所留下的痕跡

人生在世，一些記憶和痕跡會留在我們心裡。有些東西就像褪下來的皮一樣很快就能剝掉，但有些卻又深埋進心裡，隱藏它們真正的姿態，讓我們連痛也痛得莫名其妙。即使好不容易找到痛苦的原因，但也因為實在埋得太深，讓人覺得與其連根拔起，還不如繼續承受。精神分析學中將這種抗拒反應稱為「心理抵抗」。長時間深藏在潛意識裡的情緒若浮到水面上，我們的心會警鈴大作。因為害怕想要隱藏的那些東西一旦現身，就會發生難以承受的事情，所以事情還沒發生就開始害怕。這種抵抗會以憤怒、逃避、否定等各種形式出現，在精神分析當中是很常見的情況。

洪珠的潛意識似乎想要以逃避會談，來忽視這個改變的局面。

繼續挖掘不自在的情緒

睽違兩星期才出現在診療室的洪珠，一看到我就以開朗的聲音說今天她老公比較晚，差一點她就要遲到，最後搭了計程車才能準時抵達。個案沒有在預定時間來看診的理由百百種，而下一次看診時的反應也五花八門。有些人會據實以告，很快道歉並說明事情原委，但也有像洪珠現在這樣，認為只要假裝沒事就好的裝傻類型。無論是哪一種情況，了解他們缺席的原因都很重要，即使那會讓個案以及醫師都感到有些尷尬，也依然要問。

「那上次面談沒來，也是因為妳先生沒有準時下班的關係嗎？」

「不，不是，不是因為那樣……很抱歉沒先跟你說一聲，讓醫生你空等……」

「今天就從上次為什麼沒來這件事情開始聊起好嗎？妳應該不是會無故不來的人，我很好奇原因是什麼。」

「沒有什麼特別的原因……醫生你突然這樣問，我不知道該怎麼說才好。」

洪珠不停摸著自己的手，並看了看我的臉色，最後終於耐不住漫長的沉默，艱難地開了口：

「嗯，上次會談完回家之後，我心裡一直不太舒服，所以才沒有來。那時候我生氣了不是嗎？我想醫生心裡應該也覺得不太舒服吧。」

「妳確實很有可能會這樣想，但我並沒有覺得不舒服，所以妳可以不用擔心。除了擔心我之外，還有其他的原因嗎？」

越是特別在意某個話題，就表示那個話題非常有可能和內心深處的問題有關。洪珠再度回來看診我很開心，但我並沒有因此讚賞她，而是決定繼續挖掘內心讓她不自在的情緒。

「我盡量不去想讓自己不快樂的事，所以本來不想去在意，但奇怪的是我卻一直想起這件事，每次想起來的時候都覺得很不舒服，所以就生氣了。本來是想讓自己放輕鬆一點，才開始接受精神科治療，但只是讓我變得更不愉快而已。有點生氣，也無法接受你說的話。醫生你認識我不過才一個月而已不是嗎？但卻好像很了解我一樣，一直說我心裡怎樣怎樣，感覺真的很不愉快，聽我說這種話你應該很不高興，真是很抱歉。」

「不，沒關係，妳會這樣想是正常的，不用太在意，可以繼續說下去。」

過了一段時間之後，洪珠像是甩開煩惱一樣抬起頭來，看著我繼續說。

為什麼會對孩子發洩自己對父母的憤怒？

「我在想，我最近會一直對女兒發脾氣，有沒有可能是因為父母的關係。發脾氣時想到的事，全都和父母有關。我也不知道到底為什麼。總之我……應該是對母親有些怨恨吧。」

洪珠又再次低下頭，雙手遮著臉開始抽泣。至今每一次會談，她都會因為對父母的罪惡感而哭，我從來不曾對她的悲傷產生共鳴，但現在，這股悲傷卻讓我感同身受。

洪珠非常聽父母親的話，而要接受聽話的自己對父母抱持負面情緒這件事非常困難。她守護了一輩子的神聖領域，界線開始模糊，而她也失去了矗立在那領域中的父母。不想承認對父母心懷怨恨、恨我點燃了這顆改變的火種、對過去人生的悔恨、過去隱藏在心中，如今終於真相大白的複雜情緒……洪珠的眼淚摻雜了各式各樣的情感。

過了好一陣子，好不容易止住哭泣的洪珠看著我，我能從她的雙眼，感受到她的堅決。

「醫生，我想請問一件事，今天也是為了問這件事而來的。我的潛意識裡，累積了許多對父母的憤怒對吧？現在我終於明白了。但為什麼那樣的憤怒，會發洩在我的孩子身上？不管怎麼想我都不能理解，因為我真的很愛女兒。」

「為什麼會這樣？這是最主要的問題，我和妳未來要一起找出這個答案。」

「別這樣，醫生你一定知道答案吧，不能現在就告訴我嗎？我真的很擔心下一次會談之前我又會打孩子，也很怕這會成為孩子一輩子的創傷，我無法相信自己。」

雖然我腦海中有幾個假設，但還是忍住沒告訴她。因為如果不是由個案自己找到答案，而是由醫師單方面解釋，這樣就無法發揮足夠的力量幫助個案改變。我安慰她說，感謝她今天能夠戰勝抗拒感來會談，光是這樣就足以證明她是個好母親，並結束這次的會談。

雖然洪珠是為了打小孩的問題來求診，但這並不會讓我們懷疑她對孩子的愛。因為想恢復和孩子的關係，讓她願意將隱藏在潛意識裡的創傷找出來，這是個非常痛苦的決定。未來幫助洪珠改變的動力，不就是這份對孩子的愛嗎？那股力量十分強大，足以改變維持了三十多年，「連父母的錯都可以包容的乖巧女兒」這個行為模式。

但即使有這麼強大的母愛，為什麼還是會對孩子發洩自己對父母的憤怒？我希望幫助她盡快找到答案，以擺脫這份痛苦。基於這樣的壓力和感受，我也將所有的可能性都寫在會談紀錄上。

明明是自己珍惜疼愛的人

上班路上，外頭開始下著秋雨。不知道是不是因為下雨使氣溫下降，天氣變得涼颼颼。上次會談結束三天後，洪珠打電話來將下次會談的時間延後。她說自己沒有對孩子生氣，也沒有打孩子，好像不需要急著進行下一次會談。沒想到她今天竟冒著這樣涼颼颼的秋雨前來，解開圍巾，一臉疲憊地坐在我面前。

「我一直想起以前的事情，在想我為什麼會那麼做，也很想知道父母為什麼會這樣對我。這個過程中一直很生氣，我不知道該怎麼辦才好。這個禮拜生氣的頻率比上個禮拜更高，但這樣的憤怒為什麼會發洩在女兒身上，我真的沒有頭緒。實在太想知道答案了，所以上禮拜也買了一些心理學的書來讀，而且也到處去搜尋。有一個名詞吸引了我的注意力，那就是『移情作用』，但不管怎麼想，我都想不出女兒跟我媽的連結在哪裡。如果不能解開這個疑惑，我真的不知道自己什麼時候又會再對孩子動手，實在讓我很不安。」

移情作用是將對過去某個重要對象所抱持的情緒，轉移到現在另一個對象身上的一種心理現象，兩個對象之間通常都有某種共通點。因為很常見，所以在跟洪珠會談初期，我也曾思考過移情作用的可能。我甚至為了確認是不是因為兩人長相相似才引發移情作用，而請洪珠讓我看看他們的全家福照片，但兩人之間完全找不出任何誘發移情作用的共通點。

「就像我曾經說過的，我也有兩個兒子。孩子雖然真的很可愛，但有時也很煩人，這是很正常的，很多大人在照顧孩子的過程中也會打小孩。當然，這並不是正確的行為。但並不是所有人都會為了打小孩來求診，因為他們不覺得這是什麼特別的問題。不過妳卻來了，這是因為妳覺得對孩子發脾氣、動手的自己，好像哪裡怪怪的。我明明不是這種人、以前明明不會這樣、當時明明不是該打孩子的情況……當妳覺得自己的行為很奇怪時，通常就是有什麼其他不為人知的原因。妳說過最近直接對孩子發脾氣的次數減少了吧？也不會打孩子了？如果妳能告訴我哪些部分有改善了，那我們就可以明確整理出尚未改善的部分。」

「以前我好像是因為不知道自己為什麼生氣、在對誰生氣而不耐煩。但現在既然都知道原因了，應該要有所改善才對，可卻還是一直想起父母親做過的事情，心裡覺得很難受、很不舒服，這讓我很痛苦。但我知道這和孩子無關。所以如果太難過、太痛苦，我就會把玩具塞到孩子手裡，跑進房間把臉埋進枕頭放聲大哭，這樣一來就會覺得比較舒服。」

「那不知道生氣的原因和對象，跟妳對孩子生氣有關嗎？」

「對，我真的是個壞媽媽。只因為自己莫名生氣，所以就拿眼前的孩子當出氣筒。我怎麼能這麼做？醫生，為什麼怨恨父母的情緒會轉而發洩在孩子身上？我真的不明白，我只覺得無法原諒自己。」

「妳似乎已經說出答案了。」

「什麼？」

洪珠聽了我說的話之後瞪大眼睛。讓她如此焦急的正確答案，居然已經從她嘴裡說出來，這令她不敢置信。

「我覺得答案好像不止一個，請妳專心聽我說喔！妳應該聽過『在鐘路挨打，卻到漢江哭』（意指回家生悶氣）這句諺語吧？遷怒無辜的人這件事情，其實比想像中更常見。我們的潛意識會使用好幾種防衛機制來保護自己，其中有一種叫做「轉移」的防衛機制，轉移讓我們不會把衝動跟慾望發洩在當事人身上，而是發洩在其他不相干的人身上。為什麼會這樣？因為當事人具有威脅性，所以才會把衝動轉移到比較不具威脅性的其他對象身上。舉例來說，像是被上司罵但卻把氣出在戀人身上，或是因為在外頭遇到的事情而生氣、喝酒，回到家之後拿家人出氣，再不然就是拿無辜的小狗來發洩等等。」

「我知道你的意思了，但像我這樣的人，為什麼會對身邊親近的人做這種事？」

「就是說啊，為什麼呢？又不是其他人，明明是自己很珍惜的對象。」

我用洪珠的最後一句話反問，既然她會為了女兒去研讀心理學，那我相信只要稍微幫她一點忙，她肯定就能自己找到正確答案。

「剛才醫生有提到『比較不具威脅性的存在』對吧？嗯，從醫生舉的例子來看，這些人都是即使我發脾氣，他們依舊會繼續愛我的人。」

「對，就是這個意思。隨便對不太熟的朋友發脾氣，那個朋友就不會繼續留在自己身邊，我們的潛意識其實都知道這點，所以會去找接受自己怒氣的人、包容自己生氣的人，也是因為這樣，所以才會經常發生遷怒重要的人這種狀況。」

靜靜聽我說的洪珠，突然皺起了眉頭。

「太誇張了！你的意思是說我知道孩子會接受生氣的我，所以才對她發脾氣的嗎？」

「妳打了女兒之後，女兒有什麼反應呢？」

「當然是哭個不停啊。」

「哭完之後呢？有逃離妳這個母親的身邊嗎？」

我們會去找接受自己怒氣、包容自己的人

激動的洪珠想說些什麼，但才一開口又隨即閉上了嘴，她的沉默已經足以回答我的問題。即使媽媽動手打自己，孩子還是會繼續留在媽媽身邊，因為孩子能依靠的對象只有媽媽而已。因此對洪珠來說，心愛的孩子才會成為可以發火的對象。因為無論再怎麼生氣，女兒都不會拋棄自己，不，應該說是女兒都無法拋棄自己。

洪珠非常憤怒地說：

「我不是刻意選一個無法反抗我的人來出氣，我不是神經病，怎麼可能有人拿自己生的孩子當出氣筒？我都不知道原來醫生把我當成這種人。」

「我想是我的解釋不夠充分，所以才讓妳誤會了。剛才我說的那個思考過程，是在『潛意識』當中發生的。並不是妳因為知道女兒只能依靠妳，所以才刻意做出這種行為。」

「但即使是潛意識，說到底還是我的想法啊，我怎麼可能會對孩子有這種想法？」

「潛意識原本就是我們無法察覺的部分，妳怎麼可能會考量到孩子無力還手而動手打她呢？過去妳都不曾對父母生過氣，這難道也是經過百般思量才做出的行為嗎？」

「那……當然不是。」

洪珠慢慢低下頭，繼續說：

「你提到父母當例子，我好像比較能理解你的意思了。」

「所謂的防衛機制，原本就是在自己完全無法察覺的狀況下所做出的思考和舉動，所以要接受這種行為模式，確實不容易。但了解到憤怒的本質之後，打小孩的頻率就減少了對吧？在我告訴妳之前，妳就已經自己察覺並開始改變了，相信未來也會很順利。」

會談結束後，我突然對洪珠產生了一點罪惡感。雖然她接受了我的說法，但要了解虛幻的潛意識卻還是有點困難。我只希望洪珠在下次會談之前，都能夠像之前那樣好好撐住。

[轉移]

為什麼總是對那個人發火？

「對其他人都不會這樣，但為什麼老是會因為小事而對媽媽生氣，我真的不明白，我真的很不喜歡這樣。」

這是我在診療室經常聽到的話，我以前也曾經有過類似的疑惑。這不光只是親子之間的問題，也有一些人會對太太與小孩施加暴力，但在職場上卻被認為是個善良誠實的好人。也有些上司會把家中承受的壓力，轉嫁給無辜的下屬。在大學醫院的急診室裡，監護人對想提供協助的醫療人員發脾氣的場景也是天天上演。

這樣的情況，是源自於叫做轉移的防衛機制。當潛意識的情緒和慾望，高升到難以承受與控制的程度時，就會把情緒與慾望轉嫁到可以承受的對象身上。「可承受的對象」是怎樣的存在？簡單來說，就是能夠接受你為所欲為的對象。當然，轉移是在潛意識裡發生的事。但並不是說你不是故意的，就表示你沒有錯。在大學醫院接受訓練時我常到急診室幫忙，就經常遇到亂發脾氣的病患或家屬。在要送到急診室的緊急情況下，每個人都像被漩渦捲入一樣，沒有多餘的心力去管別的事情。這時我們會問生氣的人說：「為什麼要對我生氣？」雖然這個問題很簡單，但是被問的對象很快會發現自己在對一個無辜的人生氣，並壓抑自己的憤怒。當然，這並非每次都會見效。

這個單純的問題，對我們自己也很有用。平時你都對誰生氣呢？為什麼會對那個人生氣呢？試著拿這幾個問題來問問自己吧，或許莫名的憤怒就會很快平息下來。

〔談話室〕

想成為一個完美的大人嗎？

不知不覺，洪珠來接受精神分析已經進入第三個月了，今天，她又帶著陰鬱的表情走進診療室。

「前天我又對女兒發了很大的脾氣。雖然沒打她，但是看到她就忍不住生氣，看到這樣的自己真的覺得很悲哀，也覺得很對不起女兒。」

「可以詳細說明一下生氣時的情況嗎？」

之前會談時曾提過，她憤怒的對象並非是孩子，而是父母，而她也已經徹底了解這件事，所以我很期待能聽到她給我一些好消息。但她居然說看到孩子就想發火？難道是還有其他原因嗎？不過幸好沒有演變成暴力行為，這讓我鬆了一口氣，便語帶暗示地提出我的疑問。

「最近我一天會想起父母好幾次，每次想起來都覺得心裡很難受。那天也是，我跟女兒兩個人在家裡，我突然想起自己沒辦法上大學的事。姊姊跟弟弟都上了大學，爸媽為什麼只對我一個人這樣？也不能對孩子抱怨，所以只好進到房間裡自己一個人靜靜地哭。但女兒卻到房門前來放聲大哭，我停下來去哄她，就在這時候感到很煩。我責備她說『妳連一點哭的時間都不給我嗎』，而她卻抓著我的腳開始撒嬌，真的讓我很生氣。媽媽居然因為孩子撒嬌而生氣，我真的是個很壞的媽媽。」

我在腦海中，描繪出「對媽媽撒嬌的孩子」這幅景象。但為什麼我會把洪珠的臉，和孩子的身影重疊在一起？

居然因為孩子撒嬌而生氣

「為什麼看到她撒嬌會生氣呢？」

已經熟悉會談節奏的洪珠，調整了一下呼吸之後，開始整理自己的行為。

洪珠沒想起什麼特別的事情，所以回答說她不清楚。我請她再想一下，然後等待她的回應。不知道過了多久，好幾次面露難色的洪珠終於開口：

「女兒一直纏著我，要我抱她，我覺得那看起來就像我。但印象中，我從來沒有吵著要媽媽抱我。在我記憶中，雖然弟弟曾經吵著要媽媽抱他，但我從來沒有這麼做。奇怪的是，吵著要媽媽抱的女兒看起來就像我，可能是這樣我才忍不住。」

雖然她沒有哭，但洪珠的聲音聽起來卻比以前都更加悲傷。對心愛的孩子傾洩而出的憤怒，並不只是對父母的情緒而已。也是她對自己的憤怒。洪珠是不是在糾纏自己的女兒身上，看見了「一輩子都在糾纏母親的自己」？她就像個一歲的孩子一樣，過去三十多年來不斷地纏著母親，但最後卻遭到冷漠的拒絕。在女兒身上看見自己不想承認的一面，那樣的憤怒轉移到女兒身上，進而逼迫她使用暴力。煩躁、悔恨、悲傷、無力等情緒，跟對父母的憤怒結合在一起，變成冰冷無情的海嘯吞噬了她。

聽了我的解釋，洪珠冷靜地點點頭。

要接受自己像討厭父母一樣討厭自己，也是一件不容易的事。她似乎是覺得累了，便整個人靠在椅子上。

「感覺好舒暢，有一種心中長年來的疑惑終於獲得解答的感覺。」

癱坐在椅子上的洪珠，突然又挺腰坐起身來。

「但潛意識也是我的一部分吧？這麼扭曲的心理狀態，有辦法好好把孩子帶大嗎？我不是一個好媽媽，這樣要怎麼養小孩？」

完美的大人？完美的父母？

洪珠的問題是「一個不完美的人，要怎麼成為好家長」。如果我們希望身體能健康成長，那從出生時起，就必須充分攝取必要的營養，心也是一樣。情緒上的照顧和撫慰，是健康成長的必要因素。我們會將養育者的支持、與手足和朋友之間的競爭合作、成長過程中經歷的成功與失敗當作養分滋養內心。但有多少人在這個過程中，每一樣都完美地分毫不差？不，世界上真的有這樣的人嗎？心理有缺陷的人，完全沒辦法成為好家長嗎？

「每次看到自己的孩子時，我也會擔心這種事情，會擔心我會不會太給孩子壓迫感，會擔心我會不會讓兒子太依賴我，擔心我會不會傷害到孩子的心，經常會因此生氣、難過。」

「醫生你也會嗎？」

「對，因為我也不是完美的人。但這世界上，哪裡能找到完美的大人、完美的父母呢？我們不可能擁有一切，不可能把一切都準備就緒。如果覺得自己內在有哪裡不夠好，那第一件最重要的事，就是承認自己的缺點。然後以愛孩子的心，努力去補足那樣的缺失，這才是好父母不是嗎？這也是我還在煩惱的問題，所以只能跟妳分享很籠統的想法。」

「我明白你的意思了，不，雖然不是完全懂，但有種大概明白的感覺。」

「哪種感覺？」

「嗯，就是我不能在這裡放棄。雖然我可能覺得一切都已經太遲，但這對才一歲的女兒來說實在太殘酷了。我只想到我這個媽媽不是在備受寵愛的環境下長大，所以她也不可能健康長大，我覺得這好像太過分了。」

過去的事情不會改變，但卻可以改變自己看待過去的想法

她的這番話，讓我不住點頭。

我並不是想用支持博取她的信任，或是希望讓她多說一點才這麼做，而是因為她說的話真的非常觸動我。

「我未來要更努力。能夠知道自己的心理狀態真是太幸運了，也因為了解自己，所以現在不會打孩子了，但我也在想一直這樣下去真的好嗎？」

「哪樣？」

「怨恨父母啊。應該可以不去碰觸跟父母有關的事情吧？我知道這對努力幫助我的醫生來

說，真的很不要臉。但我不想這樣，不想一直想起那些事情。事到如今，也不能去計較父母為什麼要對我做那些事，那難道我要一輩子都這樣活在對父母的怨恨中嗎？」

洪珠的語調小心且謹慎，面露難過的神色，表示自己怨恨父母這件事依然讓她難受。而我認為與其草率地給出建議，更應該說一些能為她加油的話。

「我想，我應該會一直記得妳剛剛對我說的話。」

「我剛剛說的話？」

「對，妳剛才說『對一個一歲的孩子說，妳的一切都已經決定好了，妳就接受吧』這種行為很殘酷，我打從心底認同妳說的這段話。但我突然在想，這難道是只對一歲的孩子很殘酷嗎？對兩歲的孩子呢？對剛上小學的八歲孩子呢？對剛從高中畢業的二十歲青年呢？對還有些生疏，但盡心盡力照顧第一個孩子的三十五歲女性呢？這世界上有沒有什麼方法，可以讓每一個年齡層的人都過得更幸福？」

「你的意思是說，就像孩子一樣，我也還有機會嘍？」

「當然。怨恨父母這件事，對每個人來說都很難受。過去的事情不會改變，但我們可以改變自己看待過去的想法。妳想想，一個月前妳也不曾想到自己居然會怨恨父母。對我們來說，最重要的不是過去而是現在。過去就像影子一樣，又黑又冷，不要只是停留在過去不斷發抖，要專注在現在該如何生活、該和現在自己重視的人建立怎樣的關係，這才是最好的選擇。對妳來說，現在照顧女兒、活出自己的人生就是最重要的。」

寫信給媽媽

洪珠短暫閉上眼，沉浸在自己的思緒中好一陣子，然後開口說：

「對，這是我想要的，我想像醫生說的那樣。」

「很好，那我想給妳一個作業，下次會談時妳一定要完成。」

「作業？為什麼突然有作業？」

「不是突然，以前我也給過妳作業，而妳也做得很好。之前我請妳在生氣的時候，好好想想自己是為什麼生氣，妳不是做得很好嗎？」

她那原本不明就裡的眼神，開始變得溫柔了起來。

「好，那這次要給我什麼作業呢？」

「寫信，下次會談的時候，妳要寫信給媽媽。」

「不行，跟媽媽說這些……」

「沒關係，要不要把這封信交給媽媽，就由妳來決定，我出的作業只有寫信而已。怨恨也好、描述自己未來想怎麼做也好，什麼都好。把妳過去想說但沒說的話寫下來，怎麼樣？妳知道怎麼做吧？」

洪珠點點頭，回答說她會試著寫寫看。其實會談的時候，不太會出寫信這樣的作業。但我認為寫信這件事對她來說，有好幾種意義。因為希望未來洪珠可以專注在自己當下的生活，所以最重要的就是幫助她擺脫過去，不被過去的情感所困擾。

過去幾個星期以來，洪珠沒辦法一次把自己心裡的情緒整理清楚，但把那些情緒寫在紙上，摺起來放進信封裡的行為，就像是一種儀式，這是為了讓她放下過去，把焦點轉回現在。

＊＊＊

在會談過程中，去檢視個案與父母關係，並不是為了責怪、怨恨父母或成長中某些特定的事件。無論我們再用力地挖掘過去，都沒有人能改變過去。那究竟為什麼我們要檢視無法改變的過去？這是因為透過這個過程，可以幫助我們更完整地了解、肯定自己現在的樣子。「原來我的心曾受過這樣的傷」「原來當時我的心破了這樣一個洞」，這種正視的行為，會是幫助我們撫平內心傷痕、填補內心破洞的第一階段。

洪珠和我，一起閱讀她好不容易寫出來的信。她的信從請母親幫忙那天開始寫起。當時她鼓起很大的勇氣打電話，雖然鼓起勇氣打了電話，但卻立即遭到拒絕，這讓她感到很難過，掛了電話之後，又突然想起年幼時母親因為家裡沒錢，所以問她要不要放棄上大學的事情……

從這封手寫信中，可以感受到洪珠是多麼真誠地在告白自己的心境，從字裡行間都能感受到她內心的顫抖。

「洪珠，妳對媽媽的怨恨只有這些嗎？」

洪珠抿嘴笑著看我讀信。

「怎麼可能，我過濾掉很多。」

「與其說是責怪母親的信，這更像是一封對女兒告白的信呢。」

這是我讀完信之後的第一個想法。我本來以為這會是一封對母親充滿怨氣的信，但洪珠卻在信裡寫說最近開始接受精神分析，一一檢視過去的經歷，對母親描述自己為了要全心全意地愛女兒付出多少努力，也坦白地說為了擺脫對母親的怨恨，自己有多痛苦。

「寫信的時候我突然很好奇，那時我為什麼會那麼不像我，跑去『拜託』我媽呢？仔細想想，其實當時狀況也不是真的很辛苦，我這輩子都沒做過這種事。」

「就是說啊，之前我也只是聽過去沒有深究，但回頭想想，妳從以前開始好像就不太會拜託妳母親做什麼。」

「沒錯。別人聽起來可能會覺得這沒什麼了不起的，但對我來說真的是很了不起的事。嗯……可能是因為『我現在已經不是跟父母一起生活的孩子了，我也有要照顧的孩子』這種想法？我也不太清楚。」

我經常遇見成為父母之後，在精神上變得比較成熟的人。有些人因為無法從父母那裡獲得關愛，而在心中留下深刻的傷痕，這樣的人會藉著完全依賴自己的孩子，來獲得安慰、幫助自己克服這道傷痕。女兒的出生，對「專注」在父母身上的洪珠，產生了回歸現實的療效。隨著那些只放在父母身上的關注，轉移到其他地方的同時，洪珠了解到自己不再是只能依賴父母的孩子。而這樣的領悟，也讓她有機會擺脫這三十多年來，束縛著自己的枷鎖。過去幾個月來洪珠經歷的徬徨，是一個年幼的孩子在成長為一個母親的過程中，所必須經歷的痛苦。就像毛毛蟲必須破繭而出才能成為蝴蝶一樣，這樣極致的改變是難受且痛苦的。但痛苦到最後，她終於能夠展翅高飛。

〔佛洛伊德 vs. 阿德勒〕
有不幸的過去，是否就無法幸福？

「我現在面臨的問題，究竟是從哪裡開始的？」

「我的個性怎麼會變成這樣？」

對身為精神科醫師的我來說，這些問題有著格外深刻的意義。因為無論是嚴重的精神疾病患者，還是因為小小的煩惱而來做精神分析會談的人，在從困擾自己的問題中恢復到一定的程度之後，通常都會想知道自己究竟為什麼會遭遇這種問題。不，或許可以說是我刻意誘導他們這麼問的也說不定。

「過去人生經歷中的『創傷』，造就了現在。也因此，我們必須找出隱藏在個案過去經歷中的原因，才能夠解決現在的症狀。」佛洛伊德式的因果論，在過去百年來被精神科醫師奉為真理，同時也對大眾造成巨大的影響。佛洛伊德的理論在很多地方依然非常有用，在成為精神科主治醫師之前的實習階段，我也將佛洛伊德的理論奉為圭臬。

但佛洛伊德的因果論思維，一不小心可能會使我們過度執著於過去。這樣的理論，同時也會讓我們產生只要將過去的細節一一拿出來仔細檢視，想辦法找出原因，現在所面臨的問題就能迎刃而解的超現實期待。看起來就像是一個人不想面對現在堆積如山的問題，反而執著於過去，不斷逃避。安慰受到過去經歷所困擾的人說「你現在遇到的問題，全都是因為過去的經歷，這不是你的錯」，真的有用嗎？

而另外一位精神科醫師看待過去經歷與創傷的態度，卻和佛洛伊德截然不同。那就是與佛洛伊德出生於同一個時代，活躍於同一個精神分析學會的阿爾弗雷德•阿德勒。阿德勒主張，人建立自我的基礎並不是創傷，而是賦予經驗的意義，所以才會感到痛苦。舉例來說，假設有一個過去曾經遭受「霸凌」，現在獨來獨往的人。

我們通常會以佛洛伊德的因果論為根據，說這個人獨來獨往是因為被霸凌的創傷，進而使他現在的人際關係遭遇困難。但阿德勒卻不是將「被霸凌的經驗」當成問題的原因，而是將重點擺在因為那個經驗，而使這個人選擇「不被他人傷害」作為人生目的。在這樣的情況下，人們會為了實現自己的目標而避免與人來往，並將自己貶低為一個個性扭曲的人。

從某個角度來看，這個理論理性到令人覺得殘酷。因為他認為現在不與人來往所帶來的這種不幸，是自己選擇造成的結果。根據佛洛伊德的因果論，造成問題的「被霸凌經驗」是無法改變的過去；但阿德勒的「目的論」卻主張，只要我們重新設定人生目標、重新詮釋該經驗的意義，就能夠解決現在的問題。當然，阿德勒也知道要改變持續已久的生活習慣，會使當事人陷入極大的不安。因此，他也強調人類需要勇氣去克服那樣的不安。

身為一個學習現代精神醫學的人，無法完全同意一百多年前阿德勒的這番理論。我們已經透過現代醫學的力量，證實了幼年遭遇的虐待或是事故，會對成人的大腦造成影響，這也證實了創傷的存在與影響力。

但難道我們非得承認人絕對無法改變，不得不放棄嗎？

我是站在佛洛伊德跟阿德勒兩個理論之間來思考的。人如果想理解現在的自己，首先必須仔細回顧過去。透過這番過程，檢視過去對現在的自己造成哪些影響，然後再將焦點轉回現在。如果只是執著於無法改變的過去，那麼現實中的自己，就無法好好選擇一條讓自己更好的路。因為如果一直看著過去，現在的自己就有可能踩空。如同過去對現在的自己有影響，現在不也是決定自己未來的重要時刻嗎？

無論我們再用力地挖掘過去，
都沒有人能改變過去。
那究竟為什麼我們要檢視無法改變的過去？
這是因為透過這個過程，
可以幫助我們更完整地了解、
肯定自己現在的樣子。

STORY
03

無法獲得肯定，很哀怨嗎？

光線在通過三稜鏡之後，會色散成幾種不同的有色光。
人的情緒也像通過三稜鏡的光線一樣。
我們因為人際關係遭遇痛苦時，
就會從對方的言語和行為當中，尋找自己受傷的原因。
但其實是我們自己將他人的言語和行為，解讀為一種刺激。
換句話說，這些行為通過情緒的三稜鏡之後，
才會變成特定的有色光進入我們的心。
如果因為別人的幾句話、幾個表情就受到極大的傷害，
那就應該要思考一下我們心中接受刺激的情緒三稜鏡，
會不會有破損或是遭到扭曲。
你的三稜鏡，讓什麼顏色進入你的心呢？

——「腦內探險隊」孫正賢

〔談話室〕

無法平息不安

京民第一次來門診的時候，我還以為他是百貨公司男性服飾賣場的假人模特兒。抹了髮蠟，整齊後梳的頭髮，穿著看起來十分舒適的灰色襯衫，上頭印有藏青色的條紋，還有一條九分褲……整個人打扮得很完美！我是天氣冷就多穿一件，天氣熱的時候，就穿著不會過度引人注目的輕便服裝，對打扮不太在意的類型。而他這樣從頭到腳精心打扮的人，對我來說真的很陌生，難道是從事大眾藝術還是演講的人嗎？說不定是經常需要簡報的新創業者喔！總之，我以為他的工作經常需要跟人接觸。雖然用第一印象來判斷一個人是有點失禮，但在精神科會談初期，從個案的「外型看到的一切」會成為很重要的資訊。

尤其是第一次見到個案時的穿著、手勢，都需要注意且深入觀察，京民實在打扮得太好，所以我也花了更多時間觀察他。

京民從扁扁的手提包中，拿出一張白紙。那是鑑定書：

此個案兩個月前恐慌第一次發作，此後便持續有預期性焦慮，需要額外的精神評估。

鑑定書提到的「恐慌發作」「預期性焦慮」吸引了我的注意。預期性焦慮是遭遇一次壞事之後，便一直擔心，害怕那件事會再度發生的焦慮症狀，是恐慌症或創傷後壓力症候群（PTSD）個案身上常見的問題。

「你曾經恐慌發作啊？」

「對，那是兩個月前的事，之後就一直覺得很焦慮。因為不知道恐慌的原因，所以一直無法平息不知何時會復發的焦慮，這徹底影響我的日常生活。」

最近開始有很多人自我診斷，認為自己罹患了恐慌症，再跑到醫院求診。這是因為藝人們偶爾會在電視上提及自己罹患恐慌症，而使這種疾病廣為人知。

也因為這樣，一般人對精神疾病的認知開始不再那麼負面，但其實到醫院求診的人當中，大多數人並不是真正的恐慌症。「恐慌症」成了對未知不安與恐懼的代名詞。雖然還要詳加確認，但京民經歷的症狀似乎是恐慌症沒錯。

焦慮感一直無法平息

「原來如此，你是在怎樣的情況下發作的呢？」

「我跟幾個感情很好的哥哥聚在一起喝酒，一開始有種喉嚨卡到什麼東西的感覺，然後無法呼吸。接著我開始頭暈、冒冷汗，感覺再這樣下去很快就會死，所以我非常焦慮，全身發冷、手腳不停顫抖，心臟劇烈跳動，就像要暈過去一樣，真的這輩子沒遇過這種事情。」

可能是因為回想起當時的不安與恐懼，他原本就已經很白的臉又更加蒼白。

「應該很痛苦吧，後來你怎麼做了？」

「我本想不動聲色，但可能是太明顯了，所以大家都問我怎麼了，一直很擔心。我實在想不起來當時回答了什麼，最後就去掛了急診。醫院說需要確認是不是甲狀腺還是心臟異常的問題，就要我抽血檢驗，還另外照了心電圖，但都沒有什麼問題。」

「這麼痛苦的情況持續了多久？」

「那個痛苦到讓我神智不清的狀況，其實在到急診室之前就已經緩和下來了。我覺得自己好像痛苦了一個小時，但哥哥們說實際上大約十五分鐘左右。」

呼吸困難、心跳加速，還伴隨著感覺自己就要死亡的焦慮感，京民描述的是典型的恐慌發作。只要遭受過度壓力，或累積了身體難以承受的疲勞，就有可能發生這種問題，只要立刻針對症狀進行治療，並適當休息就會好轉，通常不會造成太大的問題。但有時候可能是因為不明的內在原因以恐慌的形式出現，如果是這樣的話，那恐慌就可能一再復發，或轉變為其他症狀。這麼一來，就得找出根本的原因才能解決問題，但現在很難確定京民的恐慌發作，究竟是屬於哪一種情況。

「急診室那邊說我的身體沒什麼特別的問題，要我到精神科看門診，然後還幫我掛了號。」

「所以你有在那邊接受診斷嘍？」

「對，有在那邊接受診斷。」

他的眉頭微微地皺了起來，回答中透露著一絲不快。

「他們只是問了我幾句話，就說我好像是恐慌發作，開了藥給我。說最近有很多我這個年紀的人發生類似的症狀，吃藥就不會復發……」

「原來如此，那服了藥之後情況還是沒有好轉嗎？」

「不，吃了藥之後就沒有再出現類似症狀，看來應該是有效。」

我歪著頭不解地想，既然如此為何要特地轉診，這時京民很快又接著開口說：

「吃了藥馬上就會好轉，但還是有吃了藥卻無法平息的不安。那天是氣氛非常輕鬆的場合，我跟幾個很久不見的哥哥們聚會，為什麼會發生這種事……如果不知道原因，我就一直覺得好像遲早會再發生同樣的情況。我說了我的煩惱，急診室那邊就建議我另外接受精神分析。」

「原來如此，但我們很難找出真正使你經歷恐慌的原因。所以我們通常只能把焦點擺在控制、治療現在出現的症狀。這種『表面上的治療』可說是相當有效。」

「對，這部分我有聽急診醫生說了。」

京民點點頭，但他的表情還是告訴我這對他來說並不重要。我想比起短期的處方，他更想知道自己內心究竟發生了什麼事情。

「通常是這樣沒錯，但有時候也會遇到在會談的過程中，發現什麼連你自己都不知道的原因。那要不要我們一起來看看是什麼原因？」

我提議不如試著進行精神分析會談，他的表情反而變得比較開朗，於是我便開始詢問關於恐慌發作的更多細節。

觸動內心的究竟是什麼挫折與打擊？

「當時你是否過度飲酒呢？」

「雖然是在酒席上發作，但那是在我都還沒喝完一杯啤酒時發生的事，並不是我太勉強自己或太疲憊。我也沒有喝很多咖啡，那幾天也沒有飲酒過度，也沒有吃什麼營養品或補品。」

我才問一個問題，他就給了我很詳細的回答，顯然是已經做過功課才來的。最近大多數的個案，都會事先調查過自己的狀況才來看診。尤其是像京民這種年輕人，會透過網路搜尋自己懷疑的病症，深入了解之後才到醫院就診。問題是，網路上的資訊實在太多，並非全都正確，甚至有許多內容十分偏頗。

「好，我知道了。剛才你說的是很常見的原因。如果那幾天都睡不好、過度熬夜導致身體極度疲勞，或是處在緊張的狀態下，都有可能發生，也可能是喝太多酒或咖啡造成的。但你剛剛說這些條件都不符合對吧？那有沒有發生什麼讓你心裡很有壓力，或感覺到焦慮的情況呢？」

「沒什麼特別的。幾天前我在面試最後一關的時候被刷掉，落榜這種事情已經經歷很多次了……所以幾個兄弟才說要見個面安慰我一下。」

他的語氣十分平靜，而我也盡量地掩飾自己驚訝的感受，在病歷上頭寫下「準備就業↓最終面試」，然後又打上一個問號。跟我推測他是需要與人接觸的專業人士形象相去甚遠。多次重複經歷同一事件，有時候會讓人變得麻木，有些則會使人更加敏感，就業面試落榜越多次，難道不是會更讓人感到有壓力嗎？既然已經到了最終面試階段，那應該有很大的期待才對，但他卻說已經好幾次這樣，他也不太在意，而且臉上也帶著真的不當一回事的表情。

「那你試著描述一下跟當天有關的事情好了，不是恐慌發作之前的事情也沒關係，想到什麼就說什麼。」

靜靜回憶的京民，突然露出緊張的神色。

「嗯……我想起一件事。白天我跟那群兄弟當中最要好的一個哥哥先碰了面，分享很多跟就業有關的事，聽他碎唸了一下。他說最近就業市場很競爭，要我稍微放低自己的標準，還問我說上一份工作明明不錯，為什麼要辭職？說我前年進到一間比較小的公司，待了半年左右就離職！接著準備就業，現在應該要考量現實……」

他清了清喉嚨繼續說：

「他說的話跟當時的狀況讓我有點在意，適合我的現實選擇究竟是什麼？從他的角度來看，適合我的公司難道就只是那個程度的公司而已嗎？但傍晚見面的時候，其他幾個哥哥也都說要我放低標準。即使沒辦法進大企業工作，人生也不會怎麼樣。當白天那位先跟我碰面的哥哥說『不要太勉強』的時候，我開始在想難道我也得放棄他們了嗎？就從那之後開始喘不過氣跟冒冷汗。」

聽他說話的過程中，我一直很冷靜地點頭，但他所說的這段話，很難看成是恐慌的原因。或許他自己沒有意識到，但在最終面試被刷掉這件事，確實帶給他打擊和挫折。

雖然哥哥們那些讓他傷心的話也發揮了一定的作用，但這並非全部的原因。只能說京民對哥哥們給的建議非常敏感，但那究竟觸動了他內心的什麼，才會促使他恐慌發作？正當我陷入思緒當中時，京民那望著我的不安神色讓我瞬間回神。

我內心壓抑的想法和感受

「我自己說出來也覺得這件事很怪。」

「沒有人能夠百分之百了解自己的想法與行為。內心的某些情緒或想法，會對言語和行為造成很大的影響，但有很多人一開始不知道原因，一直到後來才真相大白，甚至也有很多人一輩子沒發現自己心中的某些感受。就我看來，那天跟哥哥們發生的其他事，或許間接或直接地讓你恐慌發作，且持續感到不安。或許是你一直壓抑自己內心的想法、感受，受到刺激之後才突然爆發出來。」

「我內心被壓抑的想法和感受嗎？該怎麼做才能知道那是什麼？」

京民整個上半身向前傾，焦急地詢問方法。

「方法就是跟我一起回顧一下以前和最近的經歷、當時的感受與想法，這麼一來就能慢慢了解你內心的不安究竟是什麼，或許也能找到不再恐慌發作的方法。不要太著急，慢慢來吧，定期進行會談你覺得怎麼樣呢？」

京民毫不猶豫地答應，他表現出自己是真的想這麼做，以及想找出為何會恐慌發作的堅定意志。

[恐慌]

當不安的大浪席捲了我

恐慌發作是突如其來的強烈恐懼、呼吸困難、顫抖、心悸、冒冷汗等同時出現的急性症狀。經歷恐慌發作的瞬間，會像是發瘋一樣無法控制自己，或是讓人有一種即將死亡的感覺，症狀前後會出現腹痛、頭痛、胸悶等具體的生理現象。「發作」這個用詞聽起來很恐怖、很危險，但英文其實是「Panic Attack」，因為是突然出現的症狀，所以翻譯成「發作」。健康的人在非常疲憊的狀態下，或過度飲酒隔天都可能經歷恐慌發作，算是很常見的症狀，據說每十個人當中就有一個人有這種經歷。

恐慌發作短則數秒到幾分鐘，最長可以持續二十至三十分鐘，症狀才慢慢消失。但對當事人來說，那段時間「彷彿長到永遠不會結束」，就像京民說感覺起來好像比實際的時間更久。

恐慌發作並不會直接對身體造成危害或損傷，因為這是一種基於心理因素而突然發生的焦慮現象。但因為有可能引發其他問題，所以第一次恐慌發作之後，建議還是到醫院做個檢查比較好。舉例來說，心律不整或甲狀腺功能亢進，就很有可能引發類似恐慌發作的症狀。所以必須像京民這樣，到醫院接受血液檢查和心電圖掃描。如果在這些檢查中發現異常，那只要經過適當的治療，症狀就會跟著緩和。

如果沒有其他身體因素導致恐慌發作，後遺症卻持續超過一個月，嚴重影響日常生活的話，就會診斷為焦慮症。後遺症包括擔心恐慌再次發作的害怕心理（預期性焦慮）、避免前往與恐慌有關的地點（逃避行為）等。治療焦慮症較有效的方法，包括透過想法與行為的訓練防止焦慮復發的認知行為治療，以及開立抗憂鬱藥、抗焦慮藥等。

所以有很多人接受短期治療，症狀就會好轉，尤其是認知行為治療當中，會重複練習感到恐慌時使用的「漸進式肌肉鬆弛法」，這個方法非常有效，若持續感到焦慮，建議可以透過治療學習這個方法。

但對有些人來說，恐慌發作很可能只是未知的心理問題。反覆的恐慌發作，很可能是因為近來內心承受龐大的壓力，或長時間承受巨大壓力，但自己卻還沒有察覺這些內心衝突所致。經歷過一次恐慌發作後，就立刻開始接受精神分析的京民，算是比較特殊的個案。但如果莫名原因的恐慌發作不斷持續，那麼我們最好還是透過精神分析會談，來了解看看究竟是不是內心遇到什麼難以承受的痛苦，在對你發出警訊。

〔談話室〕

我今天要放棄你

昨天我跟太太一起到餐廳用餐，發生了一點小爭執。我們其實很久沒有這類的爭執了。而大發雷霆的我，在了解到太太和我對一個詞的意思有不同的理解之後，才終於冷靜下來。我對太太說「有些地方是有點固執不聽勸」，但她卻理解成「有點任意妄為」，所以她才生氣。對我來說「固執」這個字眼雖然具有負面意義，但我對這個詞彙的認知，是像岳父那樣堅守著某個價值觀的肯定語感。而對太太來說，這個用詞聽起來就像在批評她「不知變通、死心眼」。

用完餐後回家的路上，我就開始在想這次爭執會不會是因為這樣的誤會所致。

最近我們面對面聊天的機會越來越少，所以也更容易起爭執。頻繁往來的訊息中，看不出語氣、表情等非語言資訊，所以善意或幽默經常會被誤解成惡意和批判。事實上面對面聊天時，這種誤會就常常發生了，而大多數的情況，都是像我們兩個這樣，對詞彙的定義或語感有不同的認知。很多人都沒有意識到這一點，而是以自己主觀的想法賦予特定的詞彙意義，並將這個詞彙拿來使用，這就是誤會的開始。每個人創造出的詞彙，完整反映了那個人的價值觀、個性、興趣、想法。也因此，精神科醫師在會談的時候，會特別留意個案經常使用的詞彙。因為仔細去了解這些常用詞彙，尤其是那些和一般常見用法不同的詞彙究竟代表什麼意義，自然就能了解個案的特性。不久前在跟京民會談時，我也發現他會使用一些自己賦予其獨特意義的詞彙。

為什麼會用「放棄」這個詞？

「快進來，你過得好嗎？」

走進診療室的京民，像上次一樣穿得乾淨俐落。但看起來有點消沉，表情似乎也有一點過度敏感。

「我一邊準備就業面試一邊打工，故意讓自己過得很忙碌，但只要一閒下來，就會開始擔心恐慌會不會又發作，一直想起那天的事情。」

「原來如此，你做得很好。但這段時期還是可能會有預期性焦慮，所以你不必太過擔心，今天有沒有想說的事呢？」

因為還是會談初期，所以我問問題的時候，其實是期待他會聊一些跟生活有關的輕鬆話題。

「……我跟朋友發生了一些事。」

他那陌生的表情又變得更加陰沉，我想這應該不是什麼輕鬆的話題。

「是什麼事呢？」

「我目前還有在聯絡的高中同學，其實沒剩幾個。其中有一個人因為家中的狀況，讀完專科大學之後便進入職場，然後才決定要再到一般大學讀書。因為讀大學的時間比別人晚，所以讀書對他來說也很辛苦。我也算是會讀書的人，便決定要幫助這個好不容易下定決心的朋友。我覺得事先擬定讀書計畫，會有很大的幫助，所以就建議他可以先規劃時間表。我們一起討論、規劃，一起確認進度，然後我也會給他我的意見。但過了一個月左右，朋友卻開始不擬定讀書計畫表了。但也不是放棄大學考試，就只是沒有遵守跟我的約定，這讓我很生氣。起初我一直鼓勵他，也督促他，但他也只有那段時間聽我的話而已。」

「你應該很難過吧，然後呢？」

「我問他為什麼要這樣，結果他說要讀的東西實在太多了，覺得很煩，實在沒有時間去擬讀書計畫。我自己經歷過所以很清楚，其實整理讀書計畫並不會花太多時間，都是誠意和個人意志的問題而已。我自己在準備就業、打工，同時還抓時間來幫他……雖然他有跟我道歉，但我覺得自己好像沒被當一回事。也很失望這個朋友沒能遵守我們的約定，所以我就『放棄』了。」

從假裝冷靜的語氣和表情中，可以感受得出他內心的激憤。

「你們應該已經認識很久了，感覺應該很不好吧。」

「但這也沒辦法。」

京民彷彿是想要壓抑怒火般搖了搖頭，然後輕輕地嘆了口氣。在聽他描述的時候，「放棄」這個用詞讓我有點在意。印象中，之前的會談時，他也曾經提到他的交友圈之所以不大，是因為他「放棄」了跟那些朋友的關係。這麼看來，第一次會談時，京民也在描述恐慌發作之前的情況時，提到他有「還是得放棄這群人」的想法。我實在不太清楚該怎麼解釋「放棄」這個詞的意思，是收回期待的意思嗎？還是完全不聯繫，乾脆絕交的意思？但為什麼會用「放棄」這個詞呢？

不符合標準、無法認同的，自己心情就不好

「那『放棄』之後，你跟朋友會變成怎樣？」

「不太會兩個人單獨見面，我也不會主動跟對方聯繫。如果對方主動聯絡，我也不會多說什麼。應該說是對方已經不是我會在意或關注的對象，成了我生活圈以外的人了。」

「原來你在心裡會這樣替朋友分類啊。」

「對，我會這樣。可能是像這次認識很久然後放棄，再不然就是第一次見面就覺得很失望、無法認同的人，我就會直接把他們歸類為不想來往的對象。」

京民有點放空，彷彿在腦海中翻找「放棄」這個關鍵詞的定義一樣。

「在上一份工作時是這樣，在當兵時也是這樣。來往一陣子之後覺得對方會給我帶來損失，或是會刻意挑人毛病的話，我都是這樣處理。自己一個人還比較自在。仔細想想，我真的經常『放棄』……」

「你說會給你帶來損失，或是看起來會刻意挑人毛病，我想知道究竟是什麼情況讓你有這種感覺。」

京民的眉頭皺得更緊了。他的表情並不豐富，硬要分類的話，他應該是屬於那種會壓抑情緒的人。但我對他的印象，是會談時會隨著腦海中浮現的想法做出反應，尤其是在回想負面記憶時，那張幾近面無表情的臉孔下，其實隱藏著許多情緒。

「對方並不是真的會給我帶來損失，應該說是會讓我想到心情不好的事。上一份工作的同事和上司大部分都是這種類型，他們真的讓我很失望。起初我覺得那是一間小公司，並沒有什麼了不起。就是一群沒有熱情也沒有能力的人，安然地做好自己分內的事情，每天煩惱午餐要吃什麼、週末要去哪裡玩而已，跟他們來往不會有什麼好處。如果被這樣的人指責，或是拿工作表現來做比較，實在很傷我的自尊心，所以我很努力想把事情處理得更完美，因為我沒辦法容忍自己被他們挑三揀四。」

「你覺得不光是同事，就連上司也沒有資格批評你是嗎？」

「對，我曾經在公司遇過很讓人生氣的事。我注意到管理資料的程序真的很難理解又有很多不合理的部分，所以就建議改善。但大家的反應都是『現在沒有什麼大問題啊，幹嘛這樣』。我的直屬上司甚至半開玩笑地嘲諷我說『如果因為自己是好大學畢業，就這麼堅持完美的話，工作起來會很累的喔』，這讓我更討厭他們。我覺得要是繼續待在這裡，我也會變成這種令人失望的人，所以就『放棄』了公司。然後還有……在當兵的時候就沒什麼好說的了，醫生你也當過兵，應該很清楚。」

「對，當然。」

我一邊附和他，一邊悄悄把視線轉移到病歷上頭。由於我服役時是擔任公眾保健醫師，所以真正的軍人生活只有四星期而已，但我覺得還是不要說出來比較好。幸好京民認為我了解軍中的一切，完全不在意我的反應，便繼續說下去。

「我真的經常因為誇張的命令而傻眼，我擔任分隊長的時候，為了改善隊上的氣氛，所以想做點新的嘗試，但無論是長官還是下屬，全都是一些讓人無言的傢伙。最後我也是只做自己分內的事，乾脆『放棄』跟隊員交流。」

「原來如此，這麼說來，就是只要你覺得在某些方面不符合標準、無法認同的話，就會讓自己心情不太好，所以才『放棄』，那那群哥哥們呢？」

「哥哥？」

「對，恐慌發作時跟你在一起的那些兄弟，你好像有說過還是得放棄他們之類的這種話。」

「那是當時閃現的想法，在那之前從來都沒有這種感覺，他們是我在大學的管理研究社團認識的哥哥，現在大多是代理商、五級公務員、S集團研究院的員工、法律事務所律師，大家都是很優秀的人，在任何人眼裡都聰明又優秀。」

瞬間，京民的語調改變了。在說前公司與軍隊時那隱約的憤怒消失，取而代之的是愉悅的神色。光從那種能讓人感覺到驕傲的神情、語氣，就可以感受到對京民來說，這群兄弟是代表正面意義的重要存在。

確認我真正的價值與潛力的鏡子

「他們真的很了不起呢，那你們的關係很好嘍？」

「對，不管我說什麼他們都聽得懂，都可以溝通。也有些人知道我需要什麼幫助，主動提出說要幫忙。光聽他們講話就覺得可以學到很多東西，不光是就業，還有社會生活、自我成長……我覺得我很適合跟他們當朋友。感覺他們是能夠確認我真正的價值與潛力的鏡子。」

是能夠確認真正價值與潛力的鏡子……

其實從初次會談到現在，我在跟京民分享他的故事時，同時也推測他是對他人的批評與拒絕十分敏感，也因此展現出自尊心低落、侷限自我等性格的「迴避型人格」，所以人際關係才會不斷重複怯懦、收回這種行為模式。因為周圍的哥哥們給他的負面評價，其實可能只是真心的建議，但他卻因此恐慌發作，從這點來看，他更符合我的推測。但現在他開始炫耀這群哥哥有多麼優秀，自然地把自己看成是他們的一分子，看到他這樣，我又覺得自己的推測或許有錯。

有迴避型人格的人，會不斷懷疑、貶低自己，會因為與身邊的人比較，感覺自己低人一等，進而陷入痛苦，並使他們在社會上畏首畏尾。但京民的狀況和這又有一點不同，他還有其他的問題，我懷疑是「自戀傾向」。當然，自戀傾向也是源自潛意識形成的自尊低落所致。所以並不能完全說和迴避型人格不同。但在臨床上為了更準確地應對，我們必須將這兩者分開來看。其實在我看來，那些哥哥們並不是照著京民的鏡子，而是更像他所夢想成為的樣子。那群哥哥們，可以看成是代為滿足他心中自戀需求的人。

「原來如此，看來他們對你來說特別重要嘍。是最親近的人，又像照出你真實面貌的鏡子……」

雖然我只是重複他說的話，但京民的眼睛卻閃閃發亮，而且很積極地接著繼續說下去。

「跟他們的關係對我來說很特別，而他們也是我最常見面、聯繫的人。仔細想想，應該說他們是我唯一的朋友吧。雖然偶爾會跟其他人及同學見面，但只要發生任何事，就一定會跟這群哥哥們見上一次面。哥哥們甚至還開玩笑地問我說怎麼都不談戀愛，該不會是愛上他們了吧之類的。這麼說來，我已經好久沒談戀愛了。最後一次戀愛是大學一年級……」

提起這群哥哥時，京民的心情確實跟在說其他關係時有很大的差異。我沒有問他，但他還是很激動地一直講下去，終於在他不知不覺間提到戀愛的事情時停了下來。

「放棄」比較輕鬆嗎？

「醫生，我覺得有點奇怪又有點陌生。我跟人交往的『風格』好像有什麼問題，我沒辦法很明確地說出來，但這會跟恐慌發作有關嗎？」

「風格嗎……你為什麼會有這樣的想法？」

我並沒有回答他最後的問題，而是選擇反問回去。「風格」代表認知跟行為的模式，既然提到這個詞彙，那就表示京民可能在嘗試檢視自己的個性。

「我沒辦法舉個很具體的例子，但回想我剛才說的那些話，就有種一直重複發生類似問題的感覺。」

「對，就跟你說的一樣，每個人都有下意識不斷重複的想法、情緒、行為，而這又稱為性格傾向。這本身並不是問題，不過如果在生活中持續遇到類似的不愉快、失敗或痛苦，那就應該要去想想，這究竟是源自怎樣的性格傾向，就像現在我們在做的事情一樣。我也還沒摸索出完整的輪廓，不過我想比起聽我的推測，聽聽你的故事應該會比較有幫助。而最重要的就是你在煩惱、了解自己的性格傾向，也就是所謂『風格』的整個過程。那接下來，我們就努力來了解你的風格具體來說究竟是什麼。」

送走京民之後，我自己一個人坐在診療室裡，在紙上隨手寫下「放棄」這兩個字。他是說不想認同的人，就把他們放到圍籬之外對吧？我試著把手掌從靠近身體的地方，推到比較遠的地方去。我覺得送到圍籬之外這句話，反而比「放棄」「斷絕」或「推開」這些用詞更合適。我看著寫滿「放棄」這兩個字的那張紙，感受到「雖然我想要，也努力過，但實在沒辦法」的含意。接著我想起網路上曾流行過「放棄比較輕鬆」這句話。很想要但無法獲得會很難過，但努力卻無法獲得則會感到痛苦。期待與努力太費力的時候，不如放棄還比較能讓內心平靜下來。京民會不會也因為別人的期待、努力，而讓他感到特別痛苦或害怕呢？

〔自戀〕為了保護「了不起的自己」所需付出的費用

剛開始聽京民的故事時，我懷疑他是迴避型人格。具有強烈迴避型人格的人，大部分都像京民這樣，除了極少數非常親密的朋友之外，幾乎不跟其他人深交。害怕被他人忽視、拒絕的恐懼和不安太過強大，所以即使想跟其他人締結親密關係，他們還是會卻步。這種人的核心情緒，換句話說就是他們最脆弱的地方是「羞恥心」。京民之所以會恐慌發作，是在幾乎唯一能讓他感到安全、他認為適得其所的團體裡，羞恥心意外地被刺激。也是因為這樣，所以我才推測他是迴避型人格。

但接下來的幾次會談，京民卻說當他覺得沒有獲得認同、被低估的時候，就會感到憤怒，進而「放棄」這段關係。聽完他這番話，就可以知道誇大的自我占據了京民的心。京民在「我很了不起」的這種心態下，很難去承受自己的形象動搖或是受損。所以他才會以對方配不上自己為由，持續與他人斷絕來往，他用屬於自己的方式來形容這種行為叫做「放棄」。從這種理論與認知衍生出這樣的行徑，比起迴避型人格，更接近「隱性自戀性格」。看完這段敘述，一定會有人想問，「有可能有人同時內向又同時自戀嗎？」我想，大家對這個概念應該很陌生。

長時間以來，我們針對自戀性格做了無數研究，所以定義和分類非常多元。以海因茨•科胡特為首的許多臨床心理學家，依照自戀型性格個案所具有的誇張我（了不起的我）型態，將自戀性格大致分為兩種類型：分別是「顯性自戀」與「隱性自戀」。

首先，顯性自戀性格者，通常很容易聯想到王子病或公主病這類的形象。指的是那些不斷展現自己的優越性與成就，期待周圍的人能以特別的方式對待他，並將此視為理所當然的人。顯性自戀性格者很迷戀自己，所以只會對別人的稱讚有反應，並不在乎別人對自己真正抱持什麼想法。

相反地，像京民這種個性，則是把「誇張我」留在心裡，對他人如何評價自己十分敏感。這種人在從事社交活動時，有時候會很消極，有時候會過度謙虛，看起來很像容易貶低自己的害羞鬼。但其實他們心裡，早就已經預設了「這世界上沒有人可以小看我、否定我」的前提。這種個性稱為「隱性自戀性格」。而形成隱性自戀性格的原因，是因為這個人在日常生活中很容易受到威脅。無論再怎麼完美的人，都無法擺脫批評、負面評價、挫折和失敗。所以為了保護隱藏在內心的「誇張我」，便選擇「放棄」會威脅到該形象的所有對象。

需要獲得認同、肯定才能滿足的「自戀需求」若遭遇挫折，每個人都會以不同的方式展現出「自戀型憤怒」。顯性自戀性格者會無視別人的負面反應，有時候甚至會生氣、暴力相向。相反地，隱性自戀性格者則會突然斷絕來往，以消極但極端的方式做出回應。這種反應，和內在強烈的羞恥心有關。前面也曾說過，迴避型人格的核心情感是羞恥心。

也因為這兩種個性在心中引發的情緒很類似，所以在診斷初期很容易混淆。

另一方面，具備隱性自戀性格的人，那種討厭被忽視的心理，也可以成為促進自我成長的強大動力。如果他們可以敏銳地觀察他人的情緒與想法，同時又維持客觀和情緒平衡，那他們就能做出理解、體貼他人的反應，這可能會成為獲得他人好感的祕訣。事實上在需要細膩地了解他人的心意，發揮調解能力的職業領域中，隱性自戀性格可以發揮驚人的效果。

其實，每個人都具備某種性格傾向。這意思是說，「平均又中立的性格」就像沒有顏色的水彩一樣根本不存在。你曾經討厭自己的個性嗎？你曾經想過是因為這討厭的個性，所以問題才會一再重複嗎？那麼你應該先找出自己的個性比較接近哪一種顏色，然後練習觀察在這樣的顏色當中，自己的情緒與想法如何運作。如果覺得自己一個人練習很困難，那也可以像京民這樣尋求協助。

〔談話室〕

不能被任何人小看的我

京民說今天穿的這件夏季短袖T恤，一件就要好幾千塊。第一次聽到他身上的衣服和首飾的價格時，我自然以為他是有錢人家的少爺，父母親給零用錢毫不手軟，後來才知道並不是這樣。我稱讚說T恤真的很適合他，他的反應看起來很平淡，一臉這沒什麼的表情，但我想他心裡肯定很開心。一想到他為了買那件T恤，把夜間打工好不容易存來的錢全部花光，我覺得擔心也有點可惜，但同時也覺得這似乎不是該在診療室裡提出來說的事情。

「不久前在準備就業時，發生一件有點怪的事情。我一直覺得心裡很不舒服，又覺得應該要『放棄』。但我想起上次會談時講的事，就覺得原來這真的是我的做事風格。雖然很難過，但我覺得還是要說出來。」

我主動提起他臉色不太好的事情，京民就說出他早就準備好的這番話。該說是位積極的個案嗎？在精神分析會談當中，事先準備當天的話題是很好，但站在醫師的立場，還是更希望個案可以主動提出讓他們困擾的問題。

「真的嗎，是什麼事情？」

「上星期幾個讀書會聚在一起舉辦模擬面試，我們擔任彼此的面試官，在規定的時間內提問、評分、提出意見，之前我們也曾經辦過，因為我想表現得比大家好，所以很認真準備。不僅另外買了面試參考書，自己練習時還會錄影監看，所以我非常有信心。」

「你做了很多準備，後來呢？」

光是回想當時的情況就面如死灰的京民，無力地搖了搖頭。

「結果不是很好。我覺得那天大家面對我的態度真的非常奇怪，導致我雖然已經練習很多次，但回答時還是結結巴巴。在檢討的時候，有幾個人把我回答的內容、語氣、手勢一一拿出來檢視。其中有一個人是我們讀書會的成員，他講一句，旁邊的人就會幫腔表示贊同。在別人面前遭受這種批評，真的讓我很痛苦。後來我就開始不想去參加讀書會了。不，老實說光想到讀書會都讓我感到痛苦。」

「你應該很難過吧，雖然很痛苦，但能不能請你把當時的想法描述得更詳細一點呢？」

難道一開始就不認同我？瞧不起我嗎？

誰會喜歡在眾人面前遭受負面批評呢？不過京民特別無法承受這樣的情況，而且有過度解讀的傾向。聽完我小心翼翼的提問之後，他喝了口水繼續說：

「我覺得我的努力都沒有用，根本就是個失敗者。另一方面也覺得，我好像不需要被這樣『批判』的程度吧，但就有種被瞧不起的感覺。而且跟我同個讀書會的人，明明就知道我的能力到哪個程度，卻還那樣站出來批評我，真的讓我很生氣。也不知道他是不是一開始就不認同我，所以才這樣批判，藉著這次機會給我難看。還有，還有……」

像連珠炮般說個不停的京民，大大地吸了口氣，像是要平息激動的心情一樣。

「但從那時到現在，一直在我腦海中揮之不去的……是跟我在同一個讀書會的學弟的眼神。他平常是個講話很乾脆，很有領導風範、很謙虛的人，總之他有很多優點，很出色。但唯獨那天，他一言不發地看著我，那眼神看起來就像在對我表達同情。而那天他則是一如既往地獲得很好的評價，他應該覺得我很可憐吧？」

在一次模擬面試上獲得負面評價，讓京民開始在心裡否定自己過去的所有努力，也感覺像是被來自同個讀書會的人背叛，彷彿他們瞧不起自己一樣。這是一種跳躍性的思考方式，即使是對現實有正常認知或個性沒有太大缺陷的一般人，只要在壓力較大的環境下，陷入激動情緒的狀態，就可能會像京民這樣過度扭曲別人的意圖。我想這或許只是暫時的誤會也說不定，但根據剛才京民所說的話來看，他應該是以個人主觀的想法來敘述這件事。

「現在我沒有那樣想，只是那一瞬間給我那種感覺而已。我也覺得他們說得太過分了，如果這麼瞧不起我，那應該就不會一直跟我待在同一個讀書會，也不會把時間浪費在這樣的團體當中，只為了去取笑特定的對象。你說對吧？」

「對，我也這樣想。不過你在當下和現在情緒起伏都很大，想必你自己也難以理解為什麼會這樣，而且這個經驗也讓你覺得很受傷，我想這部分很值得我們觀察，後來你怎麼做呢？」

「我還沒有採取什麼行動。但反正後來面對那些讀書會成員，尤其是面對我的學弟時，都讓我感到很尷尬。每次見面都會想起面試時聽到的那些話，以及學弟看著我的憐憫眼神。但我也不能再拿那天的事去問他們，而且我也不想這麼做。一瞬間我甚至覺得『放棄』讀書會跟學弟或許還比較好。」

京民習慣的特殊用詞又出現了。

「原來如此，所以你有想要『放棄』讀書會與學弟的想法嘍？」

「對。」

「但我覺得，這次和你的『風格』有點不一樣。以前是話不投機，或是覺得跟自己合不來的時候才會放棄對方。」

「對……。」

京民沒有馬上接下去說，而我也沒有催促他。

在意別人如何評價我

比起說出我的想法，聽聽他想說什麼才是最重要的。

「嗯……他們是完全不同類型的對象呢，但我覺得應該是給了我類似的感覺所以才會這樣。」

「給了你類似的感覺嗎？」

「對，我覺得自己的能力沒有獲得『正確的』認同，反而是被低估，這和對方的能力或個性沒有太大的關係。對我來說，那天讀書會成員對待我的態度，尤其是學弟看我的眼神很重要。那天之後我就一直有『他們那天一定很瞧不起我』『他們現在到底是怎麼看我的』之類的想法……啊……」

京民用有一點茫然的表情看著我。

「醫生，我好像比較在意別人怎麼評價我，而不是在意別人是怎樣的人，從小就是這樣。」

彷彿剛剛才終於想通一樣，京民的雙頰有些泛紅，反覆思考著他剛剛說出口的話。在會談過程中，個案產生全新認知的這種情況，我們稱作「啊哈時刻」，這會讓身為醫師的我也跟著感到激動和緊張。

京民跟人交往的時候，會用這個人適不適合自己來為對方評價、分類。評價的標準，也就是尺度，是京民內心的自我形象。

但這個自我形象非常敏感、浮誇，比起對方是怎樣的一個人，他更會敏感地去觀察那個「了不起、優秀的自己」有沒有獲得正確的認同。也因為這樣，只要接觸到一點點負面反應，他就會放大解釋，並產生強烈的羞恥心與憤怒。「我是不容許任何人小看、不能被拒絕的存在！」是為了捍衛內在的自我形象，所以才乾脆選擇跟可能威脅到那個形象的人斷絕來往嗎？

這是比較偏向自戀型人格的觀點。應該是屬於擔心內在的自我形象受損而避免與人交往，或是過度謙虛的隱性自戀性格傾向。一般來說，喜歡炫耀的顯性自戀性格和隱性自戀性格看起來似乎互相矛盾，但主要的性格特色其實差不多。也因此這兩種特性通常會交錯出現，以京民的情況來說，他的隱性自戀性格特別強烈。

「你似乎發現了之前沒有注意到的處事風格和特徵，剛才你說了很重要的事情，從小就這樣嗎？」

「小時候……小時候不都是會跟朋友吵架嗎？但我只要吵過一次之後，就會跟對方斷絕來往。去到什麼地方，都要聽別人說我很優秀才會開心，如果沒有這樣稱讚我，就會讓我很生氣、很難過。」

「所以如果你沒有獲得比別人更出色、更優秀的評價，就會心情不好嘍？但以現實的情況來看，沒辦法每次都獲得這樣的評價吧？」

「沒錯，長大之後也知道不可能總是獲勝，所以才一直壓抑這種心情。但我印象中，小時候真的因為這樣承受很大的壓力。國中時期我的個性比較敏感，跟朋友一起去吃飯時，如果別人的意見獲得更多的贊同，我就會覺得自己的價值被否定，所以會埋頭只做自己擅長的事情。小時候我很擅長踢足球，所以不管體育課還是午餐時間，我都拚命狂踢足球，升上高中後就只讀書了。但就像醫生你說的，我不可能什麼都做得很好。所以我開始討厭分數一直無法提升的數學，最後就乾脆放棄了。」

「不光是朋友，連科目也放棄嗎？」

京民點了點頭，「放棄」似乎是他的自我防衛手段。

一直以來放棄了很多關係

「可能是因為這樣，所以才會覺得跟年紀比較長的哥哥們相處，比同年齡的朋友自在許多吧。」

「這又是怎麼回事呢？」

「跟同齡或是比我小的朋友相處，我就會一直因為要超越他們、要獲得認同，而使我們的關係變得扭曲。但如果輸給個子比我高、塊頭比我大的哥哥，反而比較不會傷自尊心，也不會心情不好。」

「你覺得這是理所當然的，這樣也沒關係嗎？」

「對，所以跟哥哥們相處會讓我覺得比較開心。」

「那你覺得在就業讀書會裡，你應該要獲得比其他人更好的評價嘍？」

「對，大家年紀都比我小。嗯，但我想我還是不該放棄讀書會。」

京民冷靜地點點頭，然後抬頭直視著我。

「包括學弟在內的那三個人，其實都非常優秀。這是一個沒有期限的聚會，我也不會一輩子都要跟他們來往。雖然看到他們就會莫名煩躁……但我想這是我的問題。跟醫生聊過之後，我才發現原來我一直以來放棄了很多關係。我想把繼續參加讀書會這件事當成是一種練習。」

在醫師給出建議之前，就自己給自己挑戰課題，這真的很令人驚訝。京民一發現自己重複不斷的行為模式，就努力地想跳脫出來。要改變持續了一輩子的行為模式與個性真的很困難，而到了現在這個年紀才察覺到這點，並且要開始改變會更辛苦，但我並不想一開始就潑京民冷水。

「好，你的想法很好。只要不是難以忍受的痛苦，那我建議你可以在讓自己不舒服的情況下，仔細觀察你的情緒反應。希望下一次來的時候，可以告訴我你觀察的結果。」

京民聽完我說的話，瞬間露出有點驚訝的表情，但隨即又笑著說：

「這好像是我來會談之後，第一次聽到你稱讚我。」

我第一次稱讚他？那時候，我好像突然在京民背後，看見那個「誇張我」的模糊身影。所謂的性格傾向，就是一個即使在獨處時，也會不斷運作的認知與行為模式。在進行會談的診療室裡，這個自動化過程也會持續不斷地在個案心中運作。

隨著會談次數的增加，醫病關係逐漸加深的同時，我也漸漸成為一個對京民來說具有一定分量的人，而那個「誇張我」也開始更仔細地檢視我對京民做出的每一個評價。那天所有的會談結束之後，我回顧了一下過去我是否太少對京民做出正面的回饋。

「認同渴望」

我心中的雙面刃

「我好像是第一次聽到醫生你稱讚我。」

京民以愉快的表情說出這句話的同時，也讓我思考了一下他心中的「認同渴望」。認同渴望是精神醫學用詞中最廣為人知的一個，也是日常生活中常會用到的名詞。跟自戀一樣，認同渴望是非常自然的情緒，而且這不是一件壞事。健康的認同渴望，會成為幫助自我發展的動力。

但過度扭曲的認同渴望，最後會使我們變得焦躁、怯懦。想確認自己在與他人的關係當中是否獲得認同的想法瞬息萬變，就像死纏爛打的債主一樣揮之不去。

若希望認同渴望能往正向發展，那就需要思考、練習該如何滿足這樣的需求。

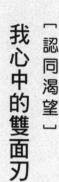

健康的認同渴望，指的是自己知道內心真正需要的東西，並將所有力氣投注在這上面，透過這個過程獲得大大小小的成就以滿足自我，藉著從對自己有意義的人那裡獲得認同，以獲得滿足。相反地，只想持續獲得更多人的讚賞、羨慕，就是一種過度的認同渴望，而這樣的渴望絕對無法滿足，只會使我們的心陷入無止境的飢渴。像是社群網站上的「讚數」競爭，甚至會讓我們開始把根本不認識的不特定多數，看成是滿足個人慾望的對象。

如果想擁有健康的認同渴望，醫師就必須引導個案，多多體驗過去未曾感受過的矯正式情緒體驗（小時候缺乏的樂觀與共鳴等）。在這個過程中，個案才會逐漸認知到「像我這樣的人，也能以最不經修飾的樣子獲得認同」。以這種平衡的體驗為基礎，進而探索自己真正想要的究竟是什麼。接著便能將在診療室內累積的經驗運用在外頭，進而幫助自己擁有健康的認同渴望。

〔談話室〕

自戀與羞恥心的關係

「你記得之前我提過的朋友嗎？就是那個最近才開始準備考大學的朋友，我又跟他恢復聯絡了。」

京民一坐下就急忙跟我報告，他又開始跟那個被他「放棄」的朋友聯絡。

「我決定偶爾跟他見個面，聽聽他的煩惱，給他一點意見。」

上次會談時，他有說會跟朋友聯絡嗎？沒有。因為之前是聽他說就業讀書會的事情，所以今天提起又重新跟準備大考的朋友聯絡這件事，多少讓我有點意外。最重要的是，京民說話的態度看起來好像哪裡不太對勁。

「是喔？是他先跟你聯絡的嗎？」

「是我聯絡他的，只是想說很久沒見，就找他碰個面。」

「怎麼會突然有這個想法？」

「最近我太忙了，才終於發現一切都要照計畫來是多困難的一件事情。然後我想起之前他曾說過要照計畫表來很麻煩，於是我覺得是我沒有站在他的立場思考，就擅自倉促做出結論。總之，他現在還是很努力在讀書，所以問了我很多事情。一開始是有點尷尬，但我覺得恢復聯絡真是太好了。」

京民主動走近「已經放棄」的朋友，並恢復彼此的關係。這樣的行為並不在自動化程序中，也就是不存在於「行為模式」裡的全新舉動。我應該要稱讚他說這樣很好，是克服問題的好方法嗎？不知道為什麼，我並沒有開口稱讚他。京民有些不自然和閃避的態度，真的讓我很在意。他今天給我一種像在接受作業檢查的感覺。是想讓我知道他在診療室外頭做出了正向改變，來讓我認同他嗎？突然，我好像又看見那個「誇張我」站在京民身後。

過度在意，成為「認知扭曲」

「對了，醫生，下禮拜我決定要跟哥哥們見面了。我覺得有點焦躁，而且有些心煩。」

話題很快就跳到別的地方去。

「什麼地方讓你覺得焦躁又心煩？」

「因為恐慌發作時我正好跟他們在一起，很擔心這次會不會也發生相同的事。」

「原來如此，害怕發生類似的情況是人之常情，但遲早要面對這種狀況啊。怎麼樣？會談了這麼久，對那天為什麼會恐慌發作有點頭緒了嗎？」

是因為即將要跟那群哥哥們見面，所以今天京民的態度才會這麼不自然嗎？第一次見面時他拿給我看的鑑定報告當中，也寫了他有預期性焦慮的問題。京民的個性使他不會展現出自己脆弱的一面，所以或許他內心感受到的不安比外表看起來的更加強烈。

「嗯，我仔細想過那天的事，或許應該是他們說的那些話，觸碰到了我內心的什麼。以前通常都是聽他們說而已，但那天我卻成了話題的焦點。叫我要放低標準、不要執著名氣、不要勉強自己……雖然我知道他們是想要安慰我面試沒上，但我覺得，我只是在找一個適合自己的地方而已。難道對他們來說，我像是一直在勉強自己嗎？然後我有種自己被低估的感覺，但我不知道為什麼會導致恐慌發作。」

親朋好友對自己的評價，是京民一直很在意的部分，而這也是他用來保護自己的方式。所以那天的情況，就像是一直以來認同他的人，對他做出意料之外的攻擊。難道會是因為這樣，再加上面試落榜卻沒有表現出來、沒有意識到的挫折與不安，才使他恐慌發作嗎？正當我在思考是否要將我的想法告訴他時，他開口說：

「醫生，我可以把我這段時間的想法說出來嗎？」

我點點頭。

「上次我說，我在乎的並不是對方是怎樣的人，而是對方怎麼看待我，如果事情發展不如意，就會想要放棄這段關係。後來我一一回顧過去曾經斬斷的關係，結果產生了一個疑問。」

「是什麼疑問？」

「我從小就一直很排斥不認同我的人，所以現在也沒有幾個可以聯絡的對象。我放棄了很多能密切往來的人，但我身邊真的有這麼多瞧不起我、不認同我的人嗎？有需要我做到這個地步嗎？」

「你自己覺得呢？」

診療室裡暫時陷入一片沉默。

「我覺得要不是我被詛咒，只會認識一些瞧不起我的人，再不然就是事情根本不是我想的那樣。」

「能不能請你解釋一下『事情根本不是你想的那樣』是什麼意思呢？」

「覺得大家不認同我、覺得我被貶低，這些有可能都不是真的，或許是我自己搞錯了，再不然就是我下意識希望事情是這樣也說不定。」

這麼了不起的我，竟然不被認同

口中說著「說不定」的京民，正在審慎地檢視自己的想法究竟如何運作。他開始意識到，實際發生的事件與他自己的感受，很有可能並不一致。京民過度在意周遭的評價，而這個過程中很可能會發生「認知扭曲」現象，這個現象通常會對事情產生負面的影響。京民比我預期的更快開始探索自己的內心，意識到的事情也越來越多，以醫師的角度來看，我想現階段應該可以告訴他我的看法。

「這可能是錯覺，也可能是你自己想要相信這樣的想法。但重要的地方在於，無論周遭的人給出什麼樣的評價，你始終都會以自己的方式來解釋他們的意見，而這一點你現在已經意識到了。小時候我們都會經歷認為自己絕對不會有錯，應該要受到大家喜愛的時期，也會經歷無論如何都要戰勝別人的時期。在這段時期『誇張我』便會出現，占領我們的內心。但我們不可能永遠都對，也不可能永遠贏過別人，在成長過程中累積經驗的同時，那個誇大的自我會和現實產生摩擦，進而讓我們內心開始產生現實的自我、健康的自愛，並以這樣的態度和他人締結關係。」

「這意思是說，『誇大的自我』還留在我心裡嘍？但我是因為不希望自己變得很悲慘，所以才跟他們斷絕往來的，如果我心裡有一個『誇大的自我』，那我不是更該在別人面前抬頭挺胸嗎？」

京民似乎無法理解我說的話，搖了搖頭並說出他的疑惑。

「『誇大的自我』比較不是理直氣壯，而是更接近羞恥心或憤怒這類的情緒，而感到憤怒、羞恥的原因，是『這麼了不起的我居然沒有被認同』，這種想法要是一旦成真，很容易讓你受傷。我想對你來說，這個『誇大的自我』很容易給你的想法、情緒和行為帶來影響。」

今天是我第一次把我的想法直接告訴他。像京民這種警戒心較高的個案，在增進醫病關係的前期，需要多多鼓勵，來幫助他輕鬆說出真正想說的話。但京民很快就準備好要面對自己的內心，我也認為在這樣的階段，他應該多少能夠消化醫師的說法，所以才把我的想法說出來。當然，我的判斷也可能會有錯，我的解釋對他來說可能是攻擊或批評。我思考著各式各樣的可能性，小心翼翼地說出我的意見。京民大多時候都是冷靜地點頭聽我說，並簡短回答說他明白我的意思。接著他一言不發地坐在那裡好一陣子，然後才開口：

「其實我最後還是決定要放棄就業讀書會了。我們每次讀的書都是以前我準備過的內容，就像之前跟你說過的，我的打工時間變長了，讓我覺得很累，所以我開始覺得自己一個人準備比較好。但我很擔心是不是因為學弟或其他成員讓我覺得尷尬，所以才會做出這樣的決定。難道我會想要放棄，都是因為我心中那個『誇大的自我』嗎？」

京民的臉上露出前所未有的焦慮與喪氣，讀書會的內容並不是最近才突然改變，所以「之前已經讀過了，不需要再花時間讀」只是一種辯解而已，我想這只是他找了一個理由，將沒能被認同而想結束這段關係的決定合理化。

知道「誇大的自我」之後

突然又去跟正在準備大考的朋友聯絡，也可以用相同的邏輯來解釋。當然，從主動提供朋友協助這種利他行為當中，確實可以滿足自戀需求。同時，這也可能是想在比較沒有威脅性的關係當中，嘗試改變自己的個性。但同時也不能排除，這是他為了抵消放棄就業讀書會的罪惡感所做的一種補償。京民已經知道自己心中有一個「誇大的自我」，並對這樣的自己感到失望。他已經為這些問題所苦，我不想在這次會談時，批評他的行為並要求他反省。因為這無論對他還是對我們的會談，都沒有幫助。他現在需要的，就是溫暖、溫柔的鼓勵話語而已。

「我也不知道。我覺得我不該任意判斷你的決定是出自什麼原因，我也不想這麼做。讓我們一起慢慢想好嗎？看看放棄就業讀書會是不是你一貫的行為模式，還是有其他無法避免的原因。不過即使你認為這是自己一貫的行為模式，也不要感到太失望。因為所謂的行為模式，很類似做出反射性思考與行為的自動化程序。你可以把身體和心理想像成一座巨大的工廠，從頭到腳的所有細胞，要相互配合不斷運作。那我們有可能突然改變工廠機器的程序嗎？想要改變機器的程序，就必須先換設備，還要做很多準備，要花一點時間吧！」

聽完我的話之後京民點了點頭，但看起來心情並沒有變好。後來我們稍微分享了要跟那群哥哥們見面，讓他感到很擔心的事情。他非常擔心可能會再遇到類似恐慌發作之前的情況，以至於從他離開的背影裡我都能感受到那份緊張。

［認知扭曲］

心所戴上的各色眼鏡

各位有聽過認知扭曲這個名詞嗎？這個名詞指的是把事情扭曲得偏離事實，或是思維不合邏輯。認知扭曲分為很多類型，其中最經典的就是二分法，舉例來說像是「沒拿到第一名就是失敗」。京民會將從親朋好友的行為、表情和語氣中感受到的負面跡象放大解釋，或是即使對方沒有那個意思，他也會自己做出負面結論。這種草率做出判斷或是自以為讀懂對方內心的行為，就可以看成是一種認知扭曲。在這個過程中，他已經做出了負面的結論，同時會排除任何正面跡象，這種認知扭曲也可以說是一種精神上的濾鏡。這種扭曲的思維模式，很有可能會在京民評價對方時發揮作用，並使他不斷重複「放棄」這個行為。

認知扭曲原本就是在憂鬱或是恐慌非常嚴重的狀態下展現出的特質，所以也是在研究憂鬱症個案的認知症狀時，才將這個現象獨立出來成一個分類。我們的心情和想法其實緊密地連結在一起，而且會彼此影響。所以若是陷入嚴重的憂鬱狀態，那麼看待過去、現在與未來相關的評價、展望，換句話說就是看待人生的觀點都會被扭曲。所以擺脫憂鬱症的人，才會說憂鬱的時候「感覺像內心戴上一副會讓一切都變陰暗的有色眼鏡」。像是在職場上犯下小小的失誤，會立刻想到「我的履歷完蛋了」（輕率地下判斷、誇大其辭），並且會把和自己完全無關的負面事件歸咎於自己，為此感到自責（個人化）。當這種想法不斷重複，便會陷入憂鬱情緒不斷加深的惡性循環中，有時候甚至會演變成自殺等極端的情況。

除了憂鬱與恐慌之外，也有一些認知扭曲會受到個性影響。迴避型個性的人自尊心較低落，對自己的能力沒有信心，所以會陷入類似憂鬱狀態的認知扭曲中，並且避免與人來往。顯性自戀性格者，會把自己所有的小成就放大，藉此滿足心中的自戀需求，同時，他們也會把自己犯下的失誤或問題縮小，或是把責任轉嫁給別人、批評他人（與「個人化」相反），以此來擺脫自戀形象受損的壓力。

即使沒有個性問題或憂鬱症，我們也經常會犯下認知扭曲的失誤。像是深入了解一件事情之後，才發現那並不是自己該負責的事，或是事情其實並沒有那麼嚴重，但一開始卻因為自己過度解讀，而承受不必要的壓力。有哪些是我們已經很習慣，而且經常發生的認知扭曲呢？包括隨便把事情想得很誇張、將事情災難化、個人化、批判他人等等，你的想法是屬於哪一種類型呢？在這個過程中，最重要的工作，是了解自己的思維模式存在哪些矛盾與扭曲，並且對其進行矯正，進行「重新建構認知」的治療。請各位試著檢視自己內心一再重複的思維模式，究竟是屬於哪一種。你會不會也戴著有色眼鏡，去看待對方的態度、解釋自己的內心呢？

〔談話室〕

獨自留在遊樂場的孩子

不知不覺間，夏天令人難耐的暑氣終於有些消退。現在白天的陽光，也不再讓人感到那麼刺眼。我認識的人當中，最有時尚感的就是京民，而今天他彷彿像是迎接初秋一樣，穿著駝色的背心出現。

「跟哥哥們見面還順利嗎？」

聽到我的問題，京民並沒有做出任何表情，只是靜靜描述當天的情況。

「老實說我很怕同時跟大家一起見面，所以我先跟最要好的哥哥單獨見面了。見面後我們便提起那件事，雖然不知道是為什麼，但我真的對要再跟他們見面這件事感到害怕。要我示弱或說些面試沒上很可惜之類的話，實在很傷自尊心，所以我從來沒跟他們說過。但那天，不知道為什麼話題就跑到這裡來了。」

「可能是因為能在診療室裡說出內心話，所以也有了在外面說出自己心聲的勇氣了吧，那對方說什麼呢？」

「他說他知道我的意思了，然後還跟我道歉，讓我有點嚇到。他說他是想鼓勵我，並不是想打擊我，他認識的我是一個很聰明、很誠實、很優秀的人，可以堅持三年邊打工邊準備就業，這不是一般人能做到的事，他說雖然我比他年輕，但他真的覺得我很了不起。不過他知道我不太會主動說出自己遇到的問題，所以他的意思是要我不要勉強。雖然是想鼓勵我，但意外傷害到我，他感到很抱歉，我有一種被重擊的感覺。」

「跟你想的一樣，他們並沒有貶低你或是想打擊你的意思呢。」

「……其實聽到他這樣說的時候，我甚至還懷疑『是不是因為親眼看見我恐慌發作，覺得很同情我，所以才這樣稱讚我』，也很擔心未來每次跟他們見面，都會想起恐慌發作這件事，要是覺得很尷尬該怎麼辦才好。但想到之前會談時產生的想法，就是想到那些從小被我放棄的人，並不是全部都看不起我之後，就覺得心裡比較舒服了。我們已經約好下禮拜要見個面，我想應該不會有問題。」

京民笑得很溫柔，看起來如釋重負的樣子，我也不禁露出了微笑。

「真是太好了。」

「對啊，沒錯。跟那位哥哥聊過之後，我好像明白為什麼那時會痛苦到恐慌發作了。我有說過我曾經有過要放棄他們的想法吧？就是依照過去的行為模式，產生放棄的想法，我想是在那一瞬間，內心產生了強烈的抗拒反應吧。能理解我的只有他們，如果我連他們都要放棄，那究竟還剩下什麼呢？如果他們不認同我，那我就必須像過去那樣放棄他們，我不想這樣，但又不知道該怎麼辦，所以才會恐慌發作。」

「原來是想依照行為模式行動的潛意識，跟不願意這麼做的想法產生了衝突，這確實是有可能的。」

我聽完京民說的話之後，一邊點頭一邊回答。起初他提起這群哥哥的事情時，因為對話的內容實在太稀鬆平常，所以很難和恐慌發作連結在一起。但這其實是他目前少數幾個仍繼續維持的人際關係，這些人在京民的內心也占有很重要的地位，所以「放棄」這個程序啟動時，他的慌張與抗拒都十分強烈。

「其實最近我也感受到類似的情緒，就是……」他猶豫了好一陣子，然後才接著說下去：「上次我說要結束讀書會的時候，雖然還不到恐慌發作的程度，但看到醫生的表情我也有類似的感受。」

「我的表情嗎？怎麼了嗎？」

「你的表情很僵硬，那個表情就像是在說『看來你也只有這點程度』。」

那一瞬間，我心中湧現了想解釋我並沒有那麼想的強烈渴望。但如果我現在立刻解釋，就無法從他那邊獲得回饋了，所以我按捺住這樣的心情，冷靜地問：

「原來如此，那你當時有什麼想法呢？」

「就是，嗯……」

沉默持續得比我預期的還要久，京民好幾次欲言又止。

「我想起以前的事情。」

「以前的事？」

「對，這聽起來可能很奇怪，但我突然想起我媽。」

在這之前的會談中，京民從來不曾提起過家人。

我覺得自己像被獨自留在遊樂場一樣

在會談的時候，詢問個案生涯早期記憶、與養育者之間的關係等成長環境，是很正常的事。不過京民非常想談論跟周遭人際關係有關的話題，所以我們花了很多時間在聊這些事，而且在檢視目前關係的過程中，他已經掌握自己有問題的行為模式、了解自己的認知扭曲，並且展現想要擺脫這種行為模式的意志，實在沒有必要特別提起家庭的事情。

「印象中，我媽從很久以前開始就一直躺著，她聲音不大，話也不多。不會大笑，但也不會生氣，一直到我上高中之後，才知道原來她的心生了很重的病。」

「原來如此，那除了你母親之外，你跟其他家人的關係怎麼樣？」

「或許是因為我媽的關係，我爸一直很愛護我。但他工作一直很忙，所以我們沒什麼時間相處。我是老大，所以很受親戚長輩的疼愛，但這些都是在弟弟出生之前的事。弟弟出生之後，大家的關注都被他搶走了，我覺得自己像被獨自留在遊樂場一樣。像是大家都不知道跑去哪，把我一個人丟在這裡的感覺，大家似乎都忘了我。」

「像被獨自留在遊樂場的感覺」這句話，聽起來特別淒涼、特別令人心痛。

健康的自戀，唯有在母親或是代替母親的養育者，能夠持續地付出愛情、給出回應，並重複讓孩子經歷適當的挫折，才有辦法培養出來。會不會是被獨自留在遊樂場的京民，從那時候開始內心那個「誇大的自我」便沒有被滿足，所以才會難以長久經營有意義的關係，陷入有問題的自戀心態呢？

「你一定很孤單。」

為了拉近與他的距離，我在說話的同時也將身體微微靠向他那邊。

「上次你信心滿滿地說要再試著跟就業讀書會的人好好相處，我想知道後來怎麼樣了，結果你卻說沒有要繼續就業讀書會，所以我覺得有點可惜。不過我絕對不會因為這樣的事情對你失望。想要擺脫維持已久的行為模式，是件很困難且要花很多時間的事，這點我有跟你說過吧？」

他點了點頭。

「今天好像是第一次聽你提起家人的事情，這通常是在會談初期就會分享的內容。剛才你說過在我身上、在那群哥哥身上，都看到媽媽的影子吧？你也有在其他的關係中產生這種感覺嗎？」

「每次想放棄的時候，都會有這種感覺。但現在我也知道，真相和我的感受其實有差距。雖然這給了我很大的打擊，但我也終於了解到，每次有這種感覺時，很可能都是因為我誤會，或是太過草率地下判斷才會這樣，所以我才會說想要試著繼續參加讀書會。」

京民說到一半便開始搖頭。

「但真的完全不行。雖然理性一直告訴自己『沒關係，只是你想太多了』，但一跟他們見面，就又覺得好痛苦。」

「原來如此，做出這樣的努力已經很了不起了，你很努力在挑戰不要被行為模式支配啊。你可能會因為又失敗了而失望，但我們的心並不是依照算式或程式運轉的機器，雖然理智很清楚知道，但在情感上就是要花比較多時間。有時候在努力的過程中，反而會變回以前那個比較不成熟的樣子。就把這個過程，想成是一針一線把心縫得更堅固怎麼樣？就想成是你在好壞之間反覆來去的同時，心也會因此變得更加堅強。」

「聽完你這樣說，我覺得比較舒服了。」

京民臉上的擔憂和緊張終於慢慢消失。

我的心好像也裝上了鞋墊

「其實第一次來這裡的時候，我一直很在意醫生是不是不太在乎我的事情，或是對我感到失望，也在想真的要這樣接受治療嗎？」

「要是沒弄好，可能連我也要被放棄了呢。」

聽完我說的話，京民搞笑地做出了一個哭臉。

「不過後來你說『最了解你內心的人是你自己，我們一起找出答案吧』的時候，就開始有點不一樣了，我覺得自己好像被認同了。所以現在我才能把沒辦法對別人說的事情都告訴你，在這個過程中，醫生卻對我露出失望的表情，這讓我很受傷。就連醫生也讓我受傷，我很難過，同時也很不想承認這個想法，因為這樣一來就感覺自己好像很沒價值。不過我同時也在想『醫生真的是這樣想的嗎』，所以雖然痛苦，但還是鼓起勇氣把這件事說出來，我想我的選擇沒錯。」

「你做得很好。剛才我也說過，我完全沒有對你失望。謝謝你給我機會，讓我說出我的想法。就像你在診療室裡面做的一樣，如果也能持續在外面做這些嘗試，肯定會帶來很大的改變。」

京民彷彿在回味我說的話，輕輕地點了點頭。短暫露出了像是認真在煩惱的表情之後，立刻換上有點不好意思的表情看著我說：

「醫生，我有東西想讓你看，如果你不介意的話，要看一下嗎？」

突然要給我看什麼呢？我半好奇半擔憂地點了點頭，他突然把鞋子脫了下來。然後把兩塊很厚的鞋墊從裡面掏出來，放在自己的手掌上遞給我看。原來那修長的身材，是靠鞋墊的力量……京民這突如其來的告白，真是令我目瞪口呆。

「真的沒有人知道這個祕密。」

「鞋墊嗎？」

「對，大學時我就開始墊鞋墊，在外面的時候從來沒有把鞋墊拿出來過，該說是我連自己的身高都厭惡嗎？但我覺得我好像不只有在鞋子裡放鞋墊，不知道從什麼時候開始，我的心好像也裝上了鞋墊。我總是假裝自己很強勢、很厲害、很了不起，用這種方式來欺騙自己。衣服、鞋子，都一定要買超過一定的價位，這樣才不會讓人瞧不起，已經接近強迫症的程度了。我沒辦法忍受別人看到不好的我，所以一直無法擺脫鞋墊，但現在我想鼓起勇氣做這件事。」

「所以才把鞋墊拿給我看嗎？」

「對。」

京民重新把鞋墊塞回鞋子裡，然後把鞋子穿好。如果直接把鞋墊丟進垃圾桶裡，那肯定就像連續劇一樣大快人心，但其實我們的心通常都會猶豫不決、會躊躇不前。活到現在第一次把小時候的痛苦回憶說出來、第一次坦白自己有墊鞋墊，甚至把鞋墊拿給別人看，光是這樣我就覺得今天京民已經完成了一個很大的挑戰。我結束短暫的思考之後，便向京民提議：

「你已經知道自己那天為什麼會恐慌發作，而我覺得你未來應該不會再那樣突然發作了。但我們還是不要結束會談，繼續分享你母親的事情，還有至今為止的重要回憶，你覺得怎麼樣？」

京民爽快地點了點頭說：

「好啊，這就是我想要的。」

「這就是你想要的？」

「對。」

簡短回答完後，京民靜靜看著診療室的牆壁陷入思考，接著又馬上看著我的眼睛說：

「我想要更全面地了解自己沒有墊鞋墊的心究竟是什麼樣子，我希望即使那顆心沒辦法讓我驕傲，我也還是能當一個抬頭挺胸的人，這就是我想要的。」

我們決定，下一次會談要來分享京民生涯中的第一個回憶，以及和成長環境有關的故事。至今為止京民都能很快找到正確的路，沒有遭遇什麼困難，但深入內心的路可能不會這麼順遂，也可能會遭遇抵抗，可能會因為診療室內外的落差而陷入混亂。但我認為，我應該陪著勇敢站出來、想找到真實自我的京民，在他每次感到痛苦、孤單的時候為他加油。因為這就是我選擇的工作。季節漸漸邁入深秋了，很快冬天將要來臨，我決定一邊期待京民的秋冬穿搭，一邊等待下一次的會談。

〔個性形成〕

健康成長所需的鏡子

也就是說，現在我們要來深入了解讓京民發展出移情作用的生涯早期記憶，換句話說就是回顧他兒時的回憶。京民面對來自人際關係的問題非常敏感，而且會將自己孤立於人際關係之外，使他無法正常發揮能力，這是源自於他的「隱性自戀性格」。那麼這種「隱性自戀性格」，是如何在他心中滋長的呢？

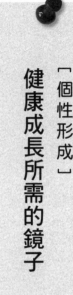

前面我們也曾提過，在幼兒時期，每個人心中都有誇大的自戀傾向。幼兒在與世界交流、成長的過程中，自然而然會有「我比世界上任何人都了不起」的認知，如果想好好控制這種幼兒期的自戀傾向，首先要做的就是重複累積滿足自戀慾望的經驗。

就像當孩子邁出笨拙的步伐，或以不熟練的方式拿起筷子，就會獲得鼓勵與支持一樣，養育者應該提供同理心與支持，讓孩子處在無論成就再怎麼小，都可以盡情賣弄的環境下。滿足這樣的自戀需求後，就必須讓他們在更大的現實裡經歷深刻的挫折。在這個過程中，他們開始會意識到現實的自我。這些對自己的信任與對現實的感覺，在經過心理機制的運作後，才會幫助我們發展出成熟的自戀性格，我們會開始傾聽周圍正面或負面的回應，客觀檢視自己，才不會被那些時不時需要面對，卻毫無根據的批評給激怒或打倒。另一方面，我們也是要在經歷失敗與挫折之後，才能夠獲得繼續前進的動力。

但生涯早期如果沒有環境能讓孩子完整展現、映照心中那個「了不起的自己」，會發生什麼事？在這種環境下長大的孩子，即使在長大之後，也會處在自戀性格尚未成熟的狀態下。他們會不斷想確定自己心中那份誇大的自信。因為沒有自信，所以總會擔心自己在別人眼中看起來很不堪。京民的母親在罹患憂鬱症期間，或許就沒能扮演這個鏡子的角色。父親或親戚等其他的養育者，自然也沒有人擔任主要的養育者角色，提供京民足夠的共鳴。或許就是這樣的經驗使得「隱性自戀」在他心中扎根，並給生活帶來影響。

但如果回過頭去找自己曾經缺乏什麼、受過什麼傷，那樣的過去如何折磨自己，我們就會在不知不覺間產生「但我現在也不能怎麼辦」的怨懟與無力，會產生這種想法是理所當然的。但即便如此，我們還是需要好好整理自己的回憶。因為藉著回顧那些隱藏在回憶中，我們始終未能意識到的想法與情感，才能理解這些是如何對現在的我們造成影響。在這個過程中，會湧現對家人、周遭親友、自我、醫師等人的激烈情緒，這很可能會讓人感到痛苦。即便沒有立刻產生這些情緒，但日常生活中隨時都可能面臨新的、始料未及的問題，更可能因此感到挫折。但假使無論面對何種情況，都能努力傾聽、理解自己內心的聲音，那我相信即使在不知何時會掀起大浪的情況下，你也能夠勇往直前。

你曾經討厭自己的個性嗎？

你曾經想過是因為這討厭的個性，

所以問題才會一再重複嗎？

STORY
04

害怕受傷嗎？

叢林裡居住著許多動物，包括用尖銳厚實的爪子與利牙，
毫不留情地捕食的肉食動物，
以及雖然柔弱但卻有敏銳的聽力，
且長跑能力相當出色的草食動物。
我們居住的世界，也像叢林一樣，有各種不同個性的人。
常有人說如果想在這個險峻的世界過上好生活，
那就必須成為凶猛的肉食動物，
要比別人更大聲、拚了命地保護屬於自己的東西、
氣勢不要輸給別人。
但如果所有人都像肉食動物一樣，那叢林還能維持叢林的樣子嗎？
還有，只要下定決心，就能讓所有人一夜之間成為肉食動物嗎？
恩兒小姐就是一個鼓起勇氣，
想帶著自己那顆溫柔的心踏進這片叢林的人。

——「腦內探險隊」尹熙宇

〔談話室〕

暴飲暴食不是問題所在

在精神分析會談中，個案第一次來訪時，會安排比較長的時間，才能獲得足夠資訊評估個案的狀況。通常會安排在門診的最後一個時段，或是要花上兩個小時進行會談。但恩兒的會談前後都有其他預約，時間相當緊湊。這是因為她突然掛號，希望能盡快撥空進行會談，而我很好奇究竟是什麼事情讓她這麼著急。

恩兒是和母親一起來的，她一頭黑色短髮，配上脂粉未施的圓潤娃娃臉，看起來真的很像國中生。在她本人開口之前，已經陪著她去過醫院的母親，就像終於找到人吐苦水似地開始描述她的狀況。

「她大學畢業都已經三年了，但卻還沒有個像樣的工作。一開始吵著說要畫漫畫，但現在卻連漫畫也不想畫了。一整天都關在房間裡面不願意出來，真的不知道她有沒有想要工作，到底是像到誰才會變成這樣。她哥哥一畢業就開始上班，現在都要結婚了。她也不說以後到底想怎麼樣，真的是快悶死我了。」

「原來如此，恩兒畢業之後都沒有工作是嗎？那今天會來這裡，是有什麼特別的原因嗎？」

不管我說什麼，她都會立刻問我是不是瘋了？

我問兩人說，雖然以媽媽的立場來看確實會很擔心這種情況，但這是有必要來做精神分析的事嗎？聽完我的問題，媽媽的神色並沒有比較和緩，反而是繼續接著說：

「你說得對，所以一開始我也想說，等她振作起來應該就會做點什麼了，就一直不管她。但幾天前，晚上她不知道吃了什麼，大半夜突然跑去吐，還發出『嘔、嘔』的聲音。我以為她是消化不良，幫她清理了一下，想帶她到房裡躺著，但她卻不讓我進房間。我覺得很奇怪，就硬闖進去看，發現地上到處散落著零食的包裝，她就是吃了那些所以才吐的。她說大概從一年前就開始這樣，聽完她說的話之後，我就覺得『她終於發瘋了』，所以就帶她來了。」

一直聽到這裡，我才終於了解她帶恩兒來醫院的原因。正當媽媽滔滔不絕地說個不停時，恩兒的表情卻越來越陰沉。我看著一直低著頭的恩兒，用溫柔的語調問她：

「妳媽媽說的話我都明白了，那恩兒妳是為什麼會來這裡呢？」
「欸，醫生，我剛剛不是都說了嗎？」
媽媽可能是覺得我刻意忽視她的話，所以打斷了我。
「對，阿姨剛才說的那些，對我掌握狀況有很大的幫助，不過聽聽看恩兒是為什麼願意來醫院也很重要，畢竟要進行會談的人是她。」
聽完我的話之後，恩兒才終於抬起頭來看我。
「妳只要把自己的想法說出來就好，如果不希望媽媽在場，那也可以另外談。」
「可以一起沒關係。」
見面十幾分鐘後，我才終於聽見恩兒的聲音，她的聲音就像她的外貌給人的感覺一樣十分清脆。她偷偷看了一下坐在旁邊的媽媽，然後接著說：
「她說得沒錯，但我覺得暴飲暴食不是什麼大問題。」
「妳說什麼？你看看她……」
「阿姨，稍等一下，請讓恩兒說下去。」
明明是該聽恩兒說話的情況，但她媽媽卻老是插嘴，所以我不得不要求她先別說話。短暫的沉默之後，恩兒才又繼續接著說：

「我沒辦法跟我媽好好說什麼，不管我說什麼，她都會立刻問我是不是瘋了，然後把我痛罵一頓。雖然是一年前才開始暴飲暴食，但我並不是經常這樣。只有壓力很大的時候才這樣，大概一個月一次左右。那天也是因為她，因為她要我去她朋友開的畫廊上班，我去了但覺得很難受，雖然客人不多，但要對陌生人介紹畫作真的很困難。好不容易撐過上午，到了下午我就感覺頭暈目眩，好像要吐了。於是我就跟媽媽的朋友說沒辦法繼續做下去，然後就回家了。結果一回家，媽就瞪著我嘆了口氣，感覺就像在看蟲子一樣……我實在太難過了，所以那天才會暴飲暴食。」

「天啊，看看她，妳是哪裡做對了什麼嗎？那天我有多難過妳知道嗎？我千拜託萬拜託，朋友才答應讓妳去上班，我真的是要丟臉死了。」

「妳只會先想到自己丟臉而已嗎？完全不問我哪裡生病、病得有多嚴重！妳又知道那時候我有多難過嗎？」

恩兒和母親看著彼此一言不發，這短暫的對峙，是在媽媽先摸著額頭把頭轉開才終於結束。接著恩兒看著我繼續說：

「我知道應該聽她的話去上班，但一上班就讓我覺得很痛苦。我自己也覺得上班其實沒什麼，但就是會突然覺得非常、非常痛苦。」

「除了畫廊之外，在其他地方也會這樣嗎？」

「對，以前我有在廣告公司當過一個月的實習生。」

「在那裡做了哪些事呢？」

「我待的地方是專案組，曾經連續好幾天超過晚上十二點才下班，但我還撐得住。可越接近專案結束的時間，我就越容易犯錯，組長對我大發飆，罵我是不是來鬧的，說『用這種方式做事會完蛋』，他平常是個很溫柔的人，但那天卻……」

「期限快到之前，人本來就是會比較敏感。而且要把該說的話都說出來，才能夠毫無顧忌地繼續做事。他的意思是說妳適應得很好，一直以來都表現得很不錯。那位組長是為了妳好才會說這些話，妳連這點事情都無法承受，到底要怎麼過社會生活？到底是像到誰啊？」

我已經很努力了

在恩兒話還沒說完之前，媽媽就打斷了她，正當我還在思考要不要制止她時，恩兒便大聲地說：

「我知道，我都知道，但真的很可怕！每次看到組長的臉我就會想起那天的事，甚至會緊張到全身發抖，我能怎麼辦？」

專案結束隔天，恩兒就通知公司說沒辦法再做下去，然後立刻回家了。

「那時我就在想，以後我該做什麼才好，乾脆什麼都不要做好了。」

聽到這裡，我多少也能理解為什麼她母親會這麼難受。

「發生那件事之後，妳就沒有嘗試做別的工作了嗎？」

「我還是想說來做自己喜歡的事，所以就開始畫網路漫畫，有連載也有出書，那時我以為這就是最適合我的工作。」

「真的嗎？有出書的話表示畫得很好嘍？」

「但問題就在連載結束後，要開始下一部連載時，我卻再也畫不出來了，完全想不出來該畫什麼才好，畫了也不滿意，朋友的反應也不太好。我匿名傳到網路社群，大家都留言說『畫得不怎麼樣』『好難看』，就讓我開始沒有信心。雖然練習了很久，但實力卻沒有進步。」

「所以妳練習的時候也有努力嘛，那就表示妳並沒有什麼都不做啊，不是嗎？」

「說是這樣說沒錯……」

恩兒的聲音越來越小，然後又開始看母親的臉色，她母親或許是把這當成一個說話的機會，於是便再次開口：

「唉唷，別提了，又不是什麼了不起的東西，只是幾張類似遊戲角色塗鴉的東西而已。她曾經去日本旅遊過一個禮拜，但回來之後又一直關在房裡什麼都不做。」

「但我那時還是有拍照，而且也把那些照片畫成畫了啊。」

「那也只是暫時的啊，只維持了幾天而已吧？」

「我很努力了，但妳不是說我在白費功夫嗎？」

「老實說，要畫畫妳就應該堅持到最後，只是隨便塗鴉跟製造垃圾有什麼兩樣？」

「就是因為妳每次都用這種方式說話，所以我才什麼都做不成，跟妳說了之後，可以的事情就會變成不行！」

我覺得這個世界上，沒有能讓我安全躲起來的地方

恩兒說完後立刻把視線移開，回到最一開始低頭的姿勢。

我先請她媽媽到診療室外面的休息室等候，因為再這樣下去別說是探究問題的核心了，我恐怕得在旁邊看這對母女吵個不停。

「醫生，拜託你幫我說說她吧，不要整天窩在那邊讓人心煩，要更積極一點。」

她媽媽一邊起身，還一邊叮嚀我。

「阿姨，當然有一天會需要這麼做，但現在我想先了解一下恩兒的想法，沒辦法照著妳說的去做。」

「唉唷，反正就拜託你想想辦法吧。」

媽媽似乎對我說的話不是很滿意，手還一邊在空中揮舞。看她愁眉苦臉的樣子，或許是因為我說想跟恩兒單獨談談，讓她有種被趕出去的感覺。但比起照顧到她的心情，更重要的是我應該要打造一個能讓恩兒放心說出內心話的環境。而恩兒媽媽要求的訓誡、教育，不會是會談的主要目標。她離開之後，我們又恢復談話。

「剛才妳有說過，但我想再問妳一次，妳想來這裡的原因是什麼呢？」

「就像剛才說的那樣，我不知道自己未來該做什麼，也沒有自信，我好像什麼都做不到。」

雖然可能是因為實習過程中經歷的事讓她害怕，但我同時也跟恩兒媽媽一樣，認為這並不是什麼大不了的事。那件事情之後，恩兒開始畫網路漫畫，甚至還出版成冊，也為了下一次的連載不斷練習。於是我問恩兒，現在這種茫然的感覺，是從什麼時候開始的。

「漫畫連載時，有段時間遭受很嚴重的負評。有一次在幾位漫畫家一起開的簽名會上，大家都只找某一位漫畫家簽名，看到這個情況讓我有點難過，因為沒有人想讓我們簽名，所以心裡有點難過，就開始跟隔壁的漫畫家開玩笑說『某某某長得帥真好』這樣，這個情況被人用影片拍下來。其實我跟那位漫畫家感情很好，所以那也只是句玩笑話而已，但卻有人拿著那段影片說我很奇怪，甚至在我的漫畫底下罵我『像老鼠一樣猥瑣』，這真的是火上加油，接著我的漫畫就被洗負評，只要更新就會有人立刻貼出惡意留言……出門的時候總有一種別人會認出我，跑來罵我的感覺，當時比現在更憂鬱、更慌張。」

「應該很辛苦吧，是從那之後就什麼都沒辦法做嗎？」

「那件事是很大的原因，但也不完全是因為那件事。」

恩兒說她換了名字跟畫風，開啟了新的漫畫連載。但在連載那部漫畫時，也看到跟之前類似的惡評，讓她飽受恐慌所苦，轉而向媽媽抱怨。

「我媽用一副很失望的態度說『那又沒什麼，幹嘛這樣，整天只會窩在房間裡畫漫畫，所以才會有這種嚴重的妄想』。那一刻，我有感覺心中的某個東西啪嚓一聲地破碎，本來覺得至少家是最安全的地方，但那份信任感瞬間瓦解。我的房間剛好在客廳對面，即使進到房間裡把門關起來，也有種媽媽在盯著我的感覺，這讓我覺得很悶又很不安，我覺得這個世界上，沒有能讓我安全躲起來的地方。」

不知不覺間，恩兒紅了眼眶。我在思考難以喘息的心情是什麼樣的感覺，並靜靜地遞了張面紙給她，同時她的眼淚也從泛紅的眼眶掉落。

人的心都需要一個安全基地

我腦海中浮現「心理安全基地」這個詞。我們與外界接觸的時候，總是會感到緊張，總是會有意無意地在意別人的反應，專注於自己該如何應對。度過這樣疲憊的一天之後，我們需要可以放鬆休息的空間、可以一掃當日疲憊，讓我們鼓起勇氣，面對嶄新一天的空間。人的心也需要這樣的空間，這在精神分析中稱為「心理安全基地」。恩兒處在不僅沒有物理安全空間，就連精神上也沒有安全基地的狀態。聽完恩兒這番遭遇，我突然希望診療室能夠成為恩兒的保護網。結束對話之後，我把恩兒媽媽重新請回診療室。

「你們說了什麼嗎？她很怕生，所以不太會跟第一次見面的人說話，不知道你們到底聊了多少。」

我可以感受得到，媽媽的強勢讓恩兒受到壓抑。我說我們的談話很順利，希望未來也可以繼續會談。且故意看著恩兒，而不是恩兒的媽媽，跟她說下一次見。

「下次媽媽可以不用來沒關係，如果有一定要告訴我的話或是需要我做些什麼，現在請儘管說。」

【心理安全基地】

心也需要可以躲藏的地方

你今天過得好嗎？跟心愛的人一起度過溫馨的時光，讓你感到幸福嗎？還是明明不是你的錯，但卻因此被上司或老師臭罵一頓，感覺委屈又生氣呢？我們每天都會經歷無數的事情，經歷好事會開心、喜悅、放心，經歷壞事就會感覺生氣、沮喪、丟臉。每一天遭遇到不同的事情時，或許就像不斷面對情緒的海浪一樣。就像玩水時雖然很開心，但我們的身體會很疲憊一樣，承受情緒的大浪時，我們的身體也同樣會感到疲憊。所以如果想要迎接明天，那麼就需要在不受任何人妨礙，屬於自己安全又舒適的空間裡充分休息。

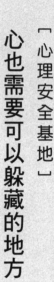

放鬆疲憊的身體與心靈，獲得再次面對世界的力量，那個地方就叫做心理安全基地。

心理安全基地並不是家、寢室等具體的場所，英國的精神分析師約翰・鮑比將依戀關係理論化，他認為幼年時期母親與孩子穩定的互動關係，對孩子在心理情緒的發展上相當重要。他也說在這樣的關係中，母親就是孩子的心理安全基地。心理安全基地夠堅固的孩子，可以自己一個人在母親附近玩得很開心，但情況相反的孩子則完全無法離開母親一步，或者完全不在乎母親在不在身邊。這種生涯初期的依戀關係，長大成人後會給外在的人際關係帶來影響。

當然，心理安全基地不必非得是母親。我們也可以從心愛的戀人、至親好友等能讓自己放心吐露心聲的人身上，找到心理安全基地。然後我們會在心理安全基地補充情緒上的能量，這在維持內心情緒穩定上，扮演重要的角色。在現代社會中，人與人之間的交流與共鳴越來越重要，依戀與心理安全基地這兩個人際關係的基礎，自然也就越來越受到重視。

因為心生病或受傷而前來求診的個案中，有很多人像恩兒一樣，找不到任何心理安全基地。即使在診療室裡跟醫師的關係只是暫時的，但沒有或缺乏心理安全基地的人，還是會希望這裡能暫時成為他們的依靠。而醫師也並不只是應聲附和個案的人。有時候要引導個案，幫助他們面對他們刻意忽視的內心。如果個案能相信醫師、診療室能夠成為放鬆的空間，那即使會談的過程並不順遂，個案還是有可能提起勇氣告訴自己不要放棄。

我總是很好奇來求診的個案，都怎麼看待我跟這個空間，同時也會在心裡默默地問：

「今天的會談讓你覺得舒適嗎？有放心地盡情說你想說的事嗎？有讓你獲得面對明天的力量嗎？」

〔談話室〕

忘不了冰冷的目光

通常跟個案的第二次見面，會比第一次見面更緊張。第一次會談是了解個案當下的狀況，而第二次會談則是會一次接觸到個案可以改變的極限在哪裡、能夠投入會談的程度等許多資訊。所以如果稍一閃神，就可能錯過許多訊號。這時候個案也會吸收與醫師相關的資訊。像是醫師有多相信自己說的話？或是醫師是否始終如一地用真摯的態度來面對自己？

護理師告訴我恩兒抵達時，我看了看時鐘，比約好的時間早了五分鐘。看見恩兒走進診療室，我提議說我們坐在沙發上進行會談。

我選擇可以從旁邊看著恩兒的位置坐下。

「準備好了就開始說吧。」

「嗯，該說什麼才好呢？」

「說什麼都好，第一次會談結束後感覺怎麼樣呢？今天要來的時候都想了些什麼呢？」

通常在做精神分析時，第一次跟第二次會談時間最好安排得近一點，這樣個案才能更快適應精神分析這個比較不熟悉的狀況，也不會忘記上一次會談時想到或感受到的事情。

「嗯，要來這裡這件事我本身並不是太開心，老實說第一次會談時我心情很不好，但我媽離開之後卻不知不覺說了很多事情，平常我話真的很少。」

「妳不太會跟身邊的人說自己的事嗎？」

「對，跟家人說也沒有用，跟朋友說他們也只會安慰我『會好起來的』，我又不需要這種安慰。但醫生你安慰我，又會問我遇到什麼問題，我覺得你好像真的有在聽我說話，感覺你不是隨便說說而已。」

最早的記憶是什麼？

幸好在第一次見面時，就取得了恩兒的信任。精神分析初期，最重要的就是個案與醫師結成「治療同盟」。

所謂的治療同盟，是指個案與醫師相互信任，努力維持治療的關係。有人說，治療同盟是精神分析與心理治療的開始，同時也是結束，治療同盟就是這麼重要。

「原來如此，我很開心妳相信我。上次我們已經聊過妳為什麼來這裡了對吧？那今天我想聽聽妳認為自己是個怎樣的人，能不能從妳記得的最早的記憶開始，聊聊妳是個怎樣的人呢？」

「最早的記憶嗎？」

「對，不正確也沒關係，模糊的記憶也可以。」

要個案說出「最早的記憶」時，大多數的人都會露出聽不懂我在說什麼的表情。恩兒也是用不明所以的表情看著我，但發現我不打算再多做什麼解釋，所以才開始靜靜回想。我們的記憶以現在為起點，越回到過去就越模糊，所以要回想起最早的記憶，並不是件容易的事。但有些事情是無論發生的時間早晚，回想起來總是會像昨天才發生一樣清楚。

恩兒用有點猶豫的表情開口：

「我不知道這是不是真的，但我確實記得有這件事，不過我媽說她沒做過這種事，所以也有可能不是真實發生的事。」

恩兒暫停了一下，看了看我的表情，像是在問我即使不是事實，是不是也能繼續說下去。

「好，那個記憶是不是真的並不重要，重要的是那是在妳印象中最久以前的記憶，說給我聽聽看吧。」

聽完我說的話，恩兒便安心地繼續說下去。

「那大概是我一、兩歲的時候，那時候哥哥已經會走路，而我也快可以擺脫學步車了。我記得的還有鄉下老家的地板，跟對面那戶人家藍色的石造屋頂。哥哥到處跑來跑去，而我則是坐在地上看著對面的藍色屋頂。哥哥好像很喜歡坐在我的學步車上到處走，當時他坐著我的學步車到處走，結果撞到一個熨斗然後摔倒了。熱燙的熨斗碰到我的小腿，我覺得很痛，就哭了起來，哥哥可能是因為跌倒受傷，所以也跟著哭了起來。那時媽媽出現了，他把哥哥扶起來安慰他，哥哥不再繼續哭了之後，媽媽才發現熨斗被弄倒，木頭地板上留下焦黑的痕跡，她可能覺得是我玩一玩把熨斗踢倒，所以就打了我的屁股。我看著媽媽，印象中那時她看著我的眼神非常凶狠，那眼神真的很可怕……」

說到這裡，恩兒停了下來，診療室裡的氣氛十分凝重。我並沒有接話，而是靜靜看著恩兒，她的眼角噙著淚水，有些泛紅，胸口也因為大口呼吸的關係有大幅度的起伏。雖然什麼都沒說，但恩兒努力冷靜下來的樣子其實已經透露了很多訊息。

到了會說話的年紀，才可能產生有意義的記憶

在精神分析會談中，醫師最好等到個案主動打破沉默。任意插嘴可能會妨礙個案的自由聯

想，同時也是因為在沉默中，透過眼神或呼吸等各種訊號，都能夠進行意識上的交流。但我跟恩兒才見第二次面而已，在進入正式的分析之前，我應該在適當的時機打破沉默，讓恩兒可以更輕鬆地把故事接著說下去。

我抽了張面紙，一邊遞給她一邊接話。

「妳想到的是這樣的事情嗎，剛才妳沉默的時候，腦中浮現了什麼呢？」

「以前也曾經有過幾次這種想法，我只有跟我媽說過，從來沒和別人提過這件事情。」

「聽完妳說的話之後，妳媽媽的反應是什麼？」

「她說她沒有這麼做過，也說從來沒有住在有藍色屋頂的房子旁邊，但奇怪的是我真的對這件事印象深刻，清楚地記得那個屋頂，以及屋頂上三三兩兩的土堆上長滿了雜草。那時媽看著我的眼神實在太可怕，讓我完全不覺得痛了。總之說完這件事之後，我媽就說她從來沒做過這種事，還說我怎麼可能記得小時候的事情。不過她有說我小腿上的傷疤，是被熨斗燙傷留下的。醫生，我真的很想知道，人有可能記得一歲左右經歷的事情嗎？」

關於「最早的記憶」形成的時間點有很多種說法，有些人主張人可以記得出生前的事情，但也有人主張大概到了幼兒園左右才會有真正的記憶。不過最多人同意的說法，通常是在開始會說話之後，才有可能形成恩兒剛才描述的那樣，像一個故事一樣生動的記憶。

記得某件事情跟回想起那個記憶，都必須透過語言才做得到，所以要到了會說話的年紀，才有可能產生有意義的記憶。

現在這個狀況，我該用什麼方式、介入到什麼程度比較合適呢？傳統的精神分析中，醫師的角色是「空白的畫面」。也就是說醫師必須扮演映照個案真實面貌的角色，不需要無謂的介入。從這個觀點來看，比起直接回答恩兒的問題，我似乎更應該幫助她，了解自己為什麼會想知道這個問題的原因。但我有不同的想法。現在才剛開始分析而已，個案會有許多疑問是很正常的事，我應該要告訴她這種狀況很自然，這或許才是適當的做法。分析初期，醫師與個案之間若產生不自然的恐慌，那絕對不會是什麼好事。我決定要先做些適當的解釋，然後再問恩兒這段回憶究竟具有什麼意義。

「我們很難判斷妳現在說的這段記憶是真是假，妳母親也說這是錯的，而事實上在那個年紀，確實不太可能有這麼清楚的記憶。不過那對妳來說，是真真實實存在於腦海中的記憶對吧？那麼雖然可能會有細節上的差異，但依然可以看成是具有重大意義的回憶。所以我很想知道妳在說這件事情時，感受到什麼樣的情緒跟想法呢？」

這時恩兒已經沒有繼續哭了，但仍是處在雙眼紅腫的狀態。或許是好不容易提起勇氣說出來的事情並沒有被忽視，所以讓她更有勇氣。接著她用比之前更清晰的聲音說：

「老實說我不知道，從某個角度來看這是很悲傷的事情。我受傷了，但媽媽卻瞪我還罵我，可能是因為難過所以才哭吧。但另一方面又……該怎麼說呢……我覺得很害怕。」

「反而是感覺到害怕，而不是難過嗎……為什麼會這樣呢？」

「我剛剛說過，我曾經跟媽媽提過這件事，我說完之後她卻突然生起氣來，大聲說她從來沒有做過這種事，還問我說在我眼裡她是這種壞媽媽嗎？當時她看著我的眼神，就跟我記憶中的眼神一模一樣，那眼神就像在說我是個壞女兒一樣，對我很失望，也很痛恨我。」

「原來如此……」

我在病歷上面寫下了幾個重要的詞，一邊專心聽恩兒說話。但在透過眼鏡看恩兒的表情時，卻正好與她視線交錯，恩兒的眼神看起來很不安。接著她突然停了下來，低下頭去用顫抖的聲音說話。

放心把話說出來最重要

「我不是想說我媽不好，畢竟這有可能不是真的，我有種好像我在說謊、在誣賴我媽是壞人一樣的感覺……」

恩兒的態度突然一百八十度大轉變，原本冷靜沉著的說話態度突然消失，換上了一副害怕不已的怯懦。我知道，恩兒的內心應該是發生了什麼事。我正思索著不知道是什麼刺激到她，突然想到她沒有一個能放鬆休息的心理安全基地。我在想她會突然這樣，不知道是不是因為我一直看著她的關係，於是我刻意面帶微笑，身體也靠向她那邊，盡可能以最溫柔的聲音說：

「這也是有可能的。感覺像把媽媽說成壞人，所以確實會有罪惡感。但沒關係，在這裡最重要的，是看看妳心裡究竟想說什麼話，這裡是安全的。希望妳可以不要擔心以後的事情，放心把話說出來。妳今天也說得很好，講得這麼詳細，也幫助我更深入理解妳的想法。」

恩兒慢慢抬起頭來看我，雖然依然哭喪著一張臉、眼泛淚光，但臉上的表情卻不同了。她的表情不再是悲傷或害怕，而是喜悅。太好了！但就在這一刻，通知會談結束的鈴聲響起，不知不覺間就過了四十五分鐘，恩兒的表情告訴我，通知的鈴聲突然將她拉回現實。

「看來時間已經到了。」

「對，時間到了，那今天我們就在這邊結束，下次再見。」

恩兒慢慢起身，打開診療室的門，站在門口轉身向我道別，而我則是目送她離開，而且一直到門關上之前都帶著微笑。

「生涯的第一個記憶」

你記憶中最早的回憶是什麼時期？

「試著回到你印象中最早有記憶的那個時期。你和你的母親（或父親）關係怎麼樣呢？你會用什麼樣的方式來形容你們的關係？」（出處：成人依戀訪談（AAI））

在進行精神科會談、精神分析、深度心理諮商時，一定要問的問題之一，就是生涯的第一個回憶。因為在了解某些個案的時候，這會是非常重要的線索。能用語言描述出來的回憶，必須要在語言能力已經發展出來之後才會成形，所以成人可以想起來的「生涯的第一個回憶」，通常都是五歲左右的事。

確實很少有人像恩兒一樣，可以清楚想起一歲左右時的回憶，而且那樣的回憶很可能和事實有出入。最早開始精神分析的佛洛伊德，認為夢境或是潛意識的審查，會使我們的記憶扭曲。

而主張精神問題全都是來自人際關係的哈里・斯塔克・沙利文，則認為在語言開始發展之前的幼兒期所留下的記憶，是最原始的經驗。這段時期雖然無法記得正確的事件內容，但會記得與主要養育者的關係、情緒與感受等。這些經驗對某些人來說會是溫暖、溫柔且安全的，但對某些人來說卻是冰冷、孤單且不安的。這種原始經驗慢慢累積起來，進而為生涯的第一個記憶添上情感的色彩。因此，即使我們所記得的不是正確的事實，但原始經驗給生涯第一個記憶帶來的影響，將會間接地展現在我們的個性當中。回顧過去，越是清晰的記憶，就越可以看成是照亮我們內心的光芒。

你能回想起來最久遠以前的記憶是什麼？那個記憶，喚醒你心中的什麼感受？那段記憶跟感受，給現在你的個性帶來怎樣的影響？各位可以試著對自己提問，並努力找出問題的答案，這樣一來就可以更深入地了解自己。

〔談話室〕

到頭來醫生也和別人一樣

要去吃午餐的路上，我偶然看見恩兒坐在咖啡廳的窗邊。穿著黑色襯衫的她，一張脂粉未施的臉上帶著陰沉的表情，呆呆地望向空中。會談是兩點才開始，看來她今天比較早到。我發現我們好像視線交會了，所以我向她點個頭示意，但恩兒卻一副沒認出我的樣子，一點反應也沒有。她真的沒看到我嗎？要是看到了，為什麼沒有反應呢？為什麼會這麼早來呢？我一邊思考著這些問題，一邊忙碌地檢查病歷。

第一次跟恩兒見面，已經是一個多月前的事了，這段時間我們進行了十次左右的會談，在初期會談的過程中，恩兒經常會看我的臉色，說話總是小心翼翼。

看見她這個樣子，我便建議她可以躺在沙發上進行會談，幫助她更放心地說出自己的想法，不必在意醫師的反應。我們這樣以一個星期兩次的頻率，以躺在沙發上的狀態進行精神分析會談已經一個月了。在這段期間的會談過程中，恩兒給我的印象就像是隨時豎起耳朵觀察四周，只要聽到一點風吹草動就會立刻跑走的兔子。在會談的過程中，只要用稍微責難的語氣說話，她就會認為我至今為止說的話都不是真心的，或是會乾脆閉上嘴，不再說任何一句話，這讓我要開口時總會十分謹慎。我也費了很大的力氣，讓精神分析會談可以成為她的心理安全基地。我想應該多少起了點作用，所以恩兒在會談過程中開始會笑，偶爾也會稍微化點淡妝過來，這也是為什麼我稍早看到恩兒陰沉的表情時會有點在意。正當我在想恩兒「是不是有什麼新煩惱」時，恩兒就到了，比約好的兩點稍微晚了十分鐘左右。

突然有一種內心被掏空的感覺

恩兒坐在沙發上，稍微看了看我，然後便熟練地躺下。

「準備好了就開始吧。」

「嗯……我今天沒有特別準備要說什麼。」

之前恩兒都可以很快就開啟話題，但唯獨今天卻不太說話，所以等了一下之後，我便主動開口說：

「不必特別準備什麼話題，只要說說妳現在心裡的想法就好了。」

「嗯，其實上一次會談結束之後，我又開始暴飲暴食了。」

上次會談時，恩兒提起了她當實習生、當網路漫畫作家時遇到的問題。會談最後，恩兒說她好像終於了解自己為什麼難以適應社會生活，同時也表示她發現自己每次只要收到負面回應，就會想要逃跑的行為模式。尤其是當別人指責她，一副她做錯什麼事情的時候最為嚴重。在那一刻，她會想起過去虐待自己的母親，因而害怕、畏縮，除了躲起來之外別無他法。然後恩兒說希望可以繼續畫漫畫，希望母親可以為她加油，說著說著就哭了出來。她的表情在哭完之後變得比較柔和，我便建議她既然找到想做的事情，那可以試著重新開始畫畫。因為我自認當天的結尾算滿正面的，所以聽到她說會談結束後又開始暴飲暴食，多少有點驚訝，便問她這段時間是不是發生了什麼事。

「我也不知道為什麼，但會談結束之後就覺得心情很不好。可能是因為講太多媽媽的事情才會這樣吧，而且都只說不好的部分。會談結束後，我會有很長一段時間一直去想媽媽的事，然後一一想起小時候的回憶……」

恩兒調整了下呼吸，猶豫了一下才繼續說：

「升國三的冬天，我在準備藝術高中的考試，必須花很多時間練習畫畫，在家裡也要練習。只要媽媽拿一個東西來，我就得在規定的時間內把東西畫出來。如果她不滿意我畫的作品，就會把我痛罵一頓。有時候會用藤條打我的手，嚴重的時候還曾經把我趕出家門。我到現在都還記得，那天真的很冷，甚至還下著雪，我已經感冒了，身體狀況很不好，因為生病的關係，所以沒辦法在限制的時間內完成，結果媽媽卻罵我精神不夠集中，要我到外面陽台去畫一個小時，我真的很不想出去，所以死賴著不走，但最後她還是把我趕到積雪的陽台，然後把門給鎖起來。這時候我哥回家了，本來在瞪我的媽媽一聽到哥哥的聲音，就開心地笑著迎接他，我突然有一種內心被掏空的感覺。」

母親經常以「施以處罰的權威形象」出現在恩兒描述的故事中。恩兒在成長過程中，不斷被拿來跟不必特別督促就很會讀書的哥哥比較，被母親稱讚的經驗十根手指頭就能夠數完，大部分的經驗都是遭受挫折或受傷，她就是在這種精神虐待的環境下長大。

雖然大致可以推測出兩人的關係，但聽到恩兒遭受到會留下這種慘痛回憶的體罰，真的是讓人不禁皺起眉頭。

創傷帶來的情緒，影響目前的生活

恩兒說她有一種內心被掏空的感覺，可見小時候被媽媽趕出去的經驗，在她心裡留下了「創傷」。這時最重要的事情，就是觀察是什麼刺激令她在這時想起這個創傷，面對這個刺激她又會做出什麼反應。因為留下創傷的事件雖然已經過去，但那創傷帶來的情緒，卻對目前的生活產生莫大的影響。暴飲暴食很有可能就是想要努力填補這種「內心空虛」的補償行為。為了找出想起創傷的事件和暴飲暴食之間是否有微弱的連結，我問恩兒有沒有能聯想到那件事情的其他回憶，恩兒沉默了好一段時間才開口：

「其實……上次會談結束離開之後，我覺得很怪，該說是冷嗎，就是有一種很冷的感覺。醫生，你記得那天接在我後面的人嗎？是個年輕男生，個子跟一般男生差不多，體格有點瘦弱，臉很白，看起來像學生，我看到他坐在休息室裡等待。」

「我應該知道妳說的是誰。」

雖然可以感覺得到恩兒想要換話題，但我還是輕輕點點頭，等她繼續說下去。

「昨天我在回家路上一直在想，那個男生，他跟我哥哥好像。」

「妳可以再說詳細一點嗎？」

「上次會談時，我不是說了媽媽的事，還哭得很慘嗎？我以為醫生會安慰我，但醫生卻問我繼續畫畫好不好，那一刻我就有種無論未來我要做什麼，都一定要好好建立計畫的想法。雖然我還沒有做好心理準備，但感覺好像得說點什麼，正當我在想要說什麼的時候，鈴就響了，醫生也跟我說下次見。我有種被趕出去的感覺，看到那個男生才發現，原來是因為他所以才請我離開，然後我就想起剛才說的那個國中的回憶。我知道這聽起來很可笑，不過當時因為媽媽好像要丟掉我了，讓我覺得很害怕，很擔心醫生也拋棄我，我越來越害怕，一害怕就變得慌張……」

「唉。」

因為覺得可惜，所以我嘆了口氣。看來恩兒暴飲暴食，並不只是因為過去的回憶，恩兒在身為醫師的我身上，看見「可對她施以處罰的權威形象」。恩兒的弱點是不用力逼迫自己，就不會採取任何動作，她把這樣的弱點投射在我身上，而我也非本意地接受她的投射，與她心中那個「殘酷的媽媽」重疊在一起。恩兒和我之間發生的「投射性認同」現象雖然令我慌張，但同時我也覺得這或許是接近問題核心的線索，所以便把剛剛的想法寫在病歷上。這時恩兒低聲問我：

「我突然有點好奇，今天是我第幾次來了？」

「嗯，正確的次數要數過才知道，不過我想應該超過十次了吧？」

「是十二次，從最早跟媽媽那次開始算的話。」

恩兒像是等待許久一般，很快接著我的話說下去，而我則開始翻看病歷，恩兒說得沒錯。

「真得耶，今天是第十二次。」

「距離我第一次來這裡，已經過了一個半月了呢。我突然在想，我真的有慢慢變好嗎？我為什麼要來這裡？老實說，我的狀況搞不好比一開始更差。一開始因為不會暴飲暴食、不會嘔吐所以很開心，但昨天我又暴飲暴食了。反而是來到這裡說了那些事之後，感覺變得更痛苦，有一種白蹚了渾水的感覺。那天醫生不給我放鬆的時間，就把我趕出去，你知道我有多痛苦嗎？我是因為相信醫生才說出來的，反而卻越來越嚴重……」

恩兒越說越大聲、越來越激動，最後終於忍不住情緒潰堤，哭了出來，哭得不能自已，甚至無法用手把眼淚抹掉。我靜靜聽她說，並把面紙盒放到她旁邊的桌上。恩兒靜靜抽了張衛生紙把眼淚擦乾，整個診療室裡只剩下她啜泣的聲音。

願意說出來，就能找到自己的安全基地

「我真的很相信醫生，覺得你很了解我。但這算什麼，你都不知道我來第幾次了，你知道來這裡對我來說有多重要嗎……對醫生來說我跟其他個案都是一樣的吧？」

雖然隨著會談的次數增加，我也漸漸知道恩兒的情緒起伏很大，但從來不曾像現在這樣這麼有攻擊性，這也讓我很慌張。這是她第一次責怪我，而碰巧就在這一刻，會談結束的通知鈴聲響起，這也讓我全身僵硬。如果今天我什麼都不做，讓會談就這樣結束，那麼恩兒的情緒就會延續到下次，或許恩兒就再也不會來了，於是我連忙開口：

「時間到了，恩兒，妳的心情感覺怎麼樣？」

「我不知道，我覺得我說出這些事情，卻把自己弄得很狼狽，但是醫生……我並不是想就這樣結束，我是認真的，我並沒有覺得醫生你很壞。」

恩兒雙手拿著衛生紙，遮著自己的眼睛和臉。就跟她怨恨、責罵母親之後，表現出後悔的行為模式如出一轍。我覺得如果我什麼都不說就結束，那就可能讓恩兒認為這個行為模式沒有問題，未來我也會成為「想靠責備來控制她的權力擁有者」。

「原來妳是這樣想的啊，我反而很高興妳把這些話告訴我，老實說我是有點嚇到，聽到妳說會談結束之後反而更痛苦，這讓我也覺得很難過。但今天聽妳說話的時候，我還是有注意到妳改變的地方。」

「哪裡改變了？」

「至少妳開始直接用說的把痛苦的感受說出來啦！之前我也曾經說過，這裡是妳跟我兩個人的安全基地，說什麼都可以。我不是來稱讚或懲罰妳的人，而是跟妳一起了解自己的人。一起找出是哪些心態跟想法讓妳痛苦，並找出改變的方法，從這點來看，今天的對話真的很有意義。」

躺在沙發上的恩兒聽完我的話之後鬆了口氣，然後慢慢坐起身來。雖然已經沒有剛才那麼緊張了，但她還是沒有抬起頭來看我。

「時間到了，我該離開了吧？謝謝你，醫生，下禮拜見。」

【投射性認同】

每個人對我來說都像壞母親

在精神分析的情況當中，醫師必須維持中立，這樣個案才能說出自己真正想說的事，或是想起那些他們應該要說的事。但實際在精神分析時，偶爾醫師也會沒辦法給出中立的反應，可能會因為對狀況感到鬱悶而催促個案，也可能因為可惜而著急地安慰個案，但有時候就是在這樣的時刻，醫師與個案之間會產生有意義的特殊交流。

這種交流當中，有一種情況稱為投射性認同。投射性認同是客體關係理論的創始人，精神分析學家梅蘭妮・克萊恩發現的。

人出生成長的過程中，會接收其他人的模樣，尤其是身為主要養育者的母親。接收之後，我們會將這個模樣放入心中內化。在這個過程中，溫柔擁抱我的母親和怒斥我的可怕母親，會逐漸被整合成同一個對象。被「夠好的媽媽」照顧長大的孩子，在這樣的整合過程中不會遭遇困難。但若是被不太能同理孩子的需求，或是虐待孩子的母親帶大，那就會在整合的過程中遭遇失敗，而心中的「壞媽媽」和「好媽媽」就會變成兩個獨立的個體。因為心裡那個「壞媽媽」的印象讓我們感到痛苦，所以我們總會將這個形象投射在別人身上，進而認為那個被投射的人對待我們的方式，看起來就像是自己身邊那個「壞媽媽」一樣，這種現象稱為投射性認同。

在未來的會談過程中，應該可以找到更明確的證據，但我想無論是哪一種形式的干預，在恩兒眼裡都會是有攻擊性的、具批判性的。受到批判的心當然會痛，一想到遭受批判的人是自己，自然會更難受。所以把批判自己的人當成壞人，自己一點問題也沒有，這樣反而比較輕鬆。恩兒會習慣性地把讓自己感到痛苦的關係，放入「加害者—被害者」的結構當中，這裡的加害者就是批評自己懶惰、虐待她的「壞媽媽」。

在診療室裡，身為醫師的我就是恩兒投射性認同的對象。

從這點來看，投射性認同並不完全是因為個案想要阻礙治療，或是醫師沒有保持中立而造就的不良結果。投射性認同是會在個案的人際關係當中，一再上演的行為模式核心，所以這或許在更了解個案、改變個案的行為模式上會帶來幫助也說不定。在那之前，必須要讓個案與醫師建立起可信賴的關係，或是讓個案將診療室當成是心理安全基地，這樣才能不受到投射性認同的影響，得以繼續堅持下去。

〔談話室〕

人為什麼不會輕易改變？

上次的會談中，恩兒第一次責怪了身為醫師的我，並表達對我的憤怒。起初我很吃驚，因為恩兒的態度，好像是至今為止的治療都爛到極點一樣，但她離開之後我仔細回想，反而覺得這或許是個好現象。由於母親的關係，所以恩兒會害怕在比自己更具權威的人面前說出真心話，即使偶爾反抗，但很快又會收回自己說過的話。所以她對我的怨恨，雖然並不是什麼成熟的表現，但卻可以看成是有意義的改變。

或許這是有點不成熟的行為，但對我發脾氣這件事，反而可能會幫助她克服對權威者的恐懼。

這可以看成是好的徵兆，但也可以從中看出在會談的過程中，我跟恩兒的關係開始往特定的方向發展，這令我有點擔心。也讓我懷疑雖然在權威者面前，她看起來就像弱勢的草食性動物，但她的潛意識卻將捕食者與被捕食者的結構，套用到所有的關係上。以跟母親的關係為基礎發展出的「投射性認同」，是不是也對其他關係造成影響？實習生時期面對組長感受到的不安、覺得我背叛了她，會不會也是這種行為模式的作用？

人的思考與行為，大致上都會遵循並重複特定的模式。從理解世界的方式，到和世界締結關係的方式，全部都會遵循自己熟悉的固定模式運作。因為如果不這麼做，那每當接收來自外界的刺激時，我們就必須重新理解、處理這些資訊。但有固定的行為模式之後，只要不是太過例外的事，大腦就可以自動處理這些外來的刺激。也因此，我們確實可以把人的日常行為模式，看成是固定且重複的。就像碎形圖形（編注：表示圖形可拆解好幾個部分，這個自我複製的幾何原理，如同行為模式會一直重複。）一樣，固定的行為模式一天內會重複數十次。透過恩兒，我再一次明白到這樣的行為模式在診療室裡也會啟動。

「這幾天感覺有點憂鬱，上禮拜跟我很要好的網路漫畫編輯打給我，我們見了面。雖然她年紀大我超過十歲，但我們情同姊妹。我們一起去吃飯，因為吃了很多，所以我想也沒想就說『吃太多了，快要撐死了』，結果她聽完之後就大聲問我說『妳最近又開始大吃大喝然後嘔吐嗎』，那一刻我心情變得很差。本以為她是值得信任的人，所以才把我的煩惱告訴她，但她卻能若無其事地說出這種話。我們關係再怎麼好，也有一些話不能說出來……」

無視我的想法

「原來如此，那後來呢？」

「我生氣了，但想到醫生就忍了下來。說我最近沒有那樣了，然後提議說我們還是聊別的吧，但我還是會一直想起她說的話，然後就越來越想吃，可是又覺得這樣不行，腦袋一片混亂，實在想不起來之後到底說了什麼。」

「原來如此，那妳有沒有記得其他的事情呢？」

「嗯……」

恩兒臉上露出了有點猶豫的表情。

「我們聊了一些網路漫畫的事，聊她最近企劃的一個接力網路漫畫。那是一個找來不同的畫家，每個禮拜輪流上傳一篇作品的企劃，她問我要不要也試試看，這是一個好機會。只要延續前面的故事就好，就算我畫了很奇怪的故事，也只要交給下一個人去收拾，所以比較不會有壓力，對我復出也有幫助。」

「聽起來還滿有趣的啊！」

「我也覺得很有趣！之前也說過，我結束連載很久了，大家或許已經忘了我，雖然只在接力漫畫裡畫一篇，可能不會有什麼很大的效果，但重點就是不要從大家眼前消失。」

恩兒不斷列舉出這個提議的優點，就我來看，這是一個她完全沒有理由拒絕的提議。

「那妳決定要參加嗎？」

「我遇到一點問題。雖然是接力漫畫，但我還是得自己畫一篇，大家還是可以留言給我，想到這裡我就突然怕了起來。如果我前後都是人氣作家怎麼辦？如果我沒把故事接好怎麼辦？不管怎麼做好像都會收到超多負評，所以我就跟編輯姊姊說我很擔心……」

「原來妳擔心的是負評啊，然後呢？」

「姊姊說沒關係，要我別害怕，接力漫畫原本就不太會有人留負評，也不可能只有我成為目標，鼓勵我先試試看再說。」

「聽完她說的話之後，妳有什麼想法？」

「我也不清楚，我總是會想起以前的事情。想到大家留的負評，想到簽名會時大家看我的眼神……覺得很可怕，所以就不想做。她是在我很痛苦的時候幫過我的編輯姊姊，所以我想她應該很了解我的心，但聽她這麼說之後，我就覺得……現在想起來還是覺得很生氣。」

恩兒不知不覺間握緊了拳頭。

「為什麼？」

「姊姊叫我不要再囉囉嗦嗦的了，然後無視我的想法擅自安排了時間。我都還沒有決定要不要加入，而且我偏偏是接在跟我一起參加簽名會的人氣作家後面。姊姊說如果正式跟那位作家道歉，把這件事情做個了結，對我復出也有幫助。當然，這樣安排看的人會比較多，但這也更讓我害怕，她都沒有站在我的立場為我想……她怎麼可以這樣？我真的很難過，就說不想再談網路漫畫的事情，然後就離開了。」

機會再好也沒有用，我就是沒辦法

這是恩兒的行為模式。當別人想要幫助她時；她就會否定對方的意見；當對方督促她、要控制她、壓力變大的時候，她就會變得情緒化，進而對重要的事避而不談。這樣下去，恩兒和那位編輯的關係，就會停在現在這個狀態，未來也很可能引發更大的衝突。我認為我必須明白告訴她這個行為模式，而我也已經做好被她攻擊的心理準備。

「原來如此，那妳覺得連載這個提議本身怎麼樣？」

「當然不好啊，完全沒有考慮到我的情況嘛！」

「妳的情況是怎樣呢？」

「我光是想到那位作家就無法呼吸，心跳加速，覺得很可怕，而且會一直生氣、一直覺得很煩。」

「原來如此，現在妳說的那位作家，有沒有可能試著理解妳提到他時產生的反應，然後再告訴我是什麼感覺呢？」

「理解我對他的反應是什麼意思？」

恩兒的身體縮了起來，語調也變得比較尖銳。

「我想知道妳想到那位作家的時候，都產生什麼樣的想法、情緒有怎樣的變化。」

「嗯，一想到那位作家……我會先想起以前簽名會的時候，大家都聚集在他那邊要簽名，我又難過又生氣。而且這次如果又跟他牽扯在一起，那件事肯定又會被拿出來講。那些人會跑到我的作品底下，留一大堆負評給我。一想到這裡，我就想躲到角落。我有種被大家當成目標的感覺，不如不要做還比較好。」

「所以妳才會不想做是嗎？但就像妳剛才說的，這是個復出的好機會對吧？這部分妳怎麼想？」

那瞬間，恩兒的身體突然僵住，然後開始對我說出一堆充滿攻擊性的話。

「醫生也跟姊姊說一樣的話，拜託，我明明就說我很害怕了，我也知道這是一個好機會，但是機會再好也沒有用，我就是沒辦法啊！大家都會罵我、留負評給我，肯定會這樣，我又沒有拿多少錢……醫生你明明知道我是為什麼這麼痛苦，但你怎麼能說這種話，你真的了解我嗎？」

攻擊的目標雖然轉向我，但這是我刻意引導的結果。因為問題發生在我們的對話當中，所以我終於可以開始解釋了。解釋在傳統精神分析醫學中，被認為是最重要的治療技巧，這是透過會談找出個案的症狀或有問題的行為模式，並引導個案自己找出原因，或是由醫師說明原因的過程。若個案聽完解釋後產生「病識感」，那症狀或有問題的行為就會消失。

拒絕深入思考

「恩兒，妳等一下，我會繼續聽妳說下去，但在那之前我想問妳一件事。」

「……什麼事？」

「妳說的那些原因真的很重要嗎？」

「當然很重要，這些非常重要，你在說什麼？你有聽懂我說的話嗎？」

「今天妳不是說那位編輯的提議是個很好的機會嗎？但在這個過程中，妳覺得她沒有顧及妳的想法就逼妳去做，這讓妳很難過，我也覺得妳應該會很難過。但是我覺得妳似乎完全陷入難過的情緒，所以沒辦法正視這個提議。所以我也像編輯說的一樣，想要深入了解一下這件事情的優缺點有哪些。結果妳又生氣了不是嗎？妳這樣生氣，會讓我覺得妳只要談論到人生中的大事，都會難過或是生氣，並藉此拒絕深入思考。」

我的話說完之後，診療室便陷入一片沉默。在我說話的時候，恩兒做好立刻要離開診療室的準備，但不知不覺間動作完全停住，沉浸在自己的思考當中。我也什麼都沒有說，靜靜等著她先開口，就這樣，我們沉默了好幾分鐘，接著恩兒虛弱地說：

「那我到底該怎麼辦？」

我覺得恩兒心中的行為模式終於再也無法運作下去，只能舉白旗投降。

「妳自己怎麼想呢？」

「我也不知道，現在心裡覺得……我不知道，真的不知道……但你的話似乎沒錯。老實說我完全不想去思考到底該不該做這件事，負評其實好像沒那麼可怕，不管到哪都會有留負評的人，但他們也不會直接對我造成傷害，真正可怕的……」

我看著話說到一半的恩兒，輕輕點了點頭。

「真正可怕的，是我沒辦法比以前更好。以前我運氣很好，還出了書，但這次感覺好像沒辦法像之前那麼好，事情好像也會遇到很多困難。如果重新開始畫畫，那就要像之前那樣畫得很好，大家也說我一定要做好，責任編輯要我再出書，媽媽也在後面一直催促我……只要有一點點差錯，大家肯定都會對我很失望，所以就……」

「……」

「乾脆不要開始好了，我是這樣想的。」

說完之後，恩兒靜靜看著前方。雖然她在責怪他人或環境的時候，很容易激動、流淚，但這次卻很冷靜，像在思索著什麼。大家可能認為當個案開始面對總是讓自己生活遭遇困難的行為模式、開始面對自己刻意忽視的弱點時，會出現非常戲劇性的反應，但其實大多的情況反而是像這樣冷靜沉著。

比想像中更了解自己的問題

「恩兒，妳以後想怎麼做？」

「我還不知道答案，是該跟姊姊聯絡說我願意畫畫看，還是乾脆放棄這次機會等下一個挑戰……醫生，我該怎麼做才好？」

我溫柔地笑著搖了搖頭。

「恩兒，這個問題的答案妳得自己找出來，今天妳表現得很好，妳比想像中的更了解自己的問題喔！」

這時，會談時間結束的通知鈴聲響起，恩兒用比平常更快的速度從座位上起身。她說雖然還有點混亂，但卻有如當頭棒喝一般讓她感到舒暢，最後還不忘謝謝我。送走恩兒後，我便開始擔心在下一次會談前她可能面臨的混亂。

尤其是在解釋之後卻沒有任何的反作用力，這讓我懷疑「她是否有好好面對自己的行為模式」，不過一想到她離開前最後的表情不是害怕，而是感到心曠神怡，就讓我決定不再繼續煩惱了。從現在開始，我要做的事情就是相信恩兒的意志力與恢復力，在旁邊靜靜等候。

〔治療同盟〕

我們是同一隊的

雖然每一個學派的意見都有點不一樣，不過透過解釋來解決症狀這件事，在精神分析中確實是非常重要的治療過程。人是因為潛意識發生了衝突，所以才會經歷這些精神症狀，也是因為這樣，才會重複那些令自己痛苦的行為模式。因此，只要知道了潛意識裡的衝突究竟是什麼，就可以擺脫心理問題。

恩兒只要遇到難以承受的事，就會認為對方在攻擊自己，把自己當成受害者，所以才會重複這種怯懦、逃避的行為模式。如果她自己無法察覺這一再重複的行為模式，那就無法停止。但這種行為模式也是經歷了長時間、透過大量經驗累積起來的適應技巧，所以並不容易察覺，也不容易改變。

也因此，在解釋潛意識中的衝突時，必須做好充足的準備。首先，現場必須發生能夠幫助你解釋這個衝突的事情，而問題的模式和衝突的局面必須顯而易見。個案已經透過合理化的過程，重新將過去的經驗建構成對自己有利、讓自己感到舒服的樣子。所以比起依靠那些可以讓他們找各種藉口來搪塞的回憶，在會談「當下立刻」發生的問題比較合適。如果能在個案啟動防衛機制、逃離這個狀況之前，立刻解釋問題與潛意識中的衝突，那麼個案就會自己產生病識感，也就是會對這個問題有所自覺。

最重要的是，在解釋之前必須要和個案締結治療同盟。治療同盟是醫師和個案約好，在健康的自我治療過程中要彼此合作的意思。無論醫師有多了解個案的問題、再如何苦口婆心地讓個案知道自己的問題，個案還是很難接受這個情況。有時候個案會像遭到辱罵一樣不愉快，有時候則會因為覺得人生錯誤百出而感到悲傷、自責，受到打擊、情感被動搖之後，也經常對醫師產生敵對感。這時醫師若能相信個案心中那個健康的自我，而個案也相信醫師會幫助自己的話，個案就能夠戰勝情感上的動搖，開始檢視自己的行為。這就是治療同盟的力量。

另一個跟治療同盟類似的用詞叫做「投契關係」。兩者的共通點在於，都是維持醫師與個案之間的良好關係以提升療效。日常生活中我們常用「投契關係」，而治療同盟則是屬於較深的精神分析概念。奧田英朗這位日本作家，曾在《精神科的故事：空中秋千》這本小說當中，將精神科的醫師和個案，比喻成一起搭空中秋千的一組搭檔。其中，醫師發揮同理心，理解個案因害怕而無法跨越空中秋千心態，並鼓勵個案鼓起勇氣的行為就相當於「投契關係」，而指出個案的不當行為，相信他們有能力跨越這個障礙，伸手幫忙的關係則相當於「治療同盟」。

如同個案的行為模式，是透過生命經驗累積而成的一樣，有越多互信的經驗，治療同盟就會更加堅固。在穩穩地打下治療同盟的基礎之後，醫師開誠布公地談論個案潛意識的衝突模式，就能讓個案在聽了解釋之後不是反射性地逃避，而是會正視心中的問題。我也相信我跟恩兒締結的同盟，所以不擔心恩兒會陷入混亂，並期待她會恢復。

〔談話室〕

未來也會繼續嘗試

恩兒又開始畫網路漫畫了，那是在開始接受精神分析六個月左右的事情。因為害怕會收到負評，所以她決定暫不要去看留言。但責任編輯還是會挑反應良好的回應給她，透過那個用完結的漫畫角色參與的接力企劃，恩兒發現等待她推出新作品的讀者比想像中還多。最重要的是，母親的支持成為恩兒最大的力量。會談初期還半信半疑的恩兒媽媽，在跟恩兒一起進行過一次會談之後，就答應會帶著一點點的信任，靜靜等待恩兒的改變，最大的改變還是在恩兒決定重新開始畫網路漫畫，並開啟定期連載後，她就決定不再繼續只當個評論者，而是成為恩兒的助力。

恩兒也開始不那麼害怕母親的視線了。面對母親的指責，她開始不再反射性地畏縮、獨自往肚裡吞，而是會在聽完指責之後反思自己，或是坦率地表達自己的想法。當然，這一切的改變都沒有一步到位。恩兒心中仍有不安，所以她偶爾還是會暴飲暴食，不過現在恩兒會把壓力跟暴飲暴食連結在一起，所以不會像以前那樣，因為不知道自己為何暴飲暴食而感到不安。

為什麼我要來這裡？

恩兒準時抵達，不需要任何指示，就熟門熟路地坐在沙發上。這六個月來，她已經熟悉了這個診療室、身為醫師的我，以及接受精神分析這件事。但那天，恩兒並沒有馬上躺在沙發上，而是有些猶豫不決。

「等妳準備好我們就可以開始，有什麼讓妳不舒服的地方嗎？」

這時恩兒才躺下，但她卻跟平常不一樣，過了好一陣子都沒有說任何一句話，面對這個意外的情況，我先開啟了話題。

「今天跟平常好像不太一樣，要說這件事讓妳很痛苦嗎？」

「對……有點難以啟齒。」

「原來如此，那沒關係，雖然我每次都這樣說，不過在這裡妳想到什麼就可以說什麼，所以就放輕鬆說吧。」

「那，那我就試著說說看，就是……我在想我是不是應該繼續來這裡。但我不知道該怎麼跟醫生說這件事……感覺就算我不想來了，也應該要跟醫生談過之後再決定，要提出這個要求真的有點困難。」

聽完她說的話，我也開始發現，這不是至今為止一直重複發生的問題，而是恩兒心裡有了新的煩惱。當然，以前恩兒也曾經好幾次罵我說會談一點用也沒有，不想再來了，每當她這麼說，我就會運用策略繼續把她留住。但今天的感覺和之前不一樣，看到恩兒這麼認真的態度，我覺得最重要的，應該是先聽聽她為什麼會有這樣的想法。

「原來妳有這樣的想法，這件事情很重要，難怪讓妳這麼難開口，妳從什麼時候開始有這種想法的呢？」

或許是聽了我說的話之後比較放心，恩兒便立即接著說下去。

「沒有很久，最近這一、兩個月都毫不猶豫就預約下一次會談的時間了，不會覺得特別不想來，也沒有什麼煩惱，但從上禮拜開始，我突然在想我為什麼要來這裡。」

「是從上禮拜開始的啊，有什麼特別的契機嗎？」

「這個嘛……我試著想了想會讓我有這種想法的原因，我想或許是開始安排了會議之後吧。」

「會議嗎，是什麼會議呢？」

「就是我新連載的網路漫畫會議，主辦接力漫畫活動的公司理事很喜歡我的漫畫，他是一位四十多歲的男性，因為我說要重新開始畫漫畫，所以他就對責編姊姊表達強烈的關心。我是很開心他喜歡我的作品，但老實說也有點壓力，平常是還受得了，但有一次他發了很大的脾氣。」

「原來如此，他是對妳發脾氣嗎？」

「不是直接對我發脾氣，是在接力漫畫結束的時候，他們舉辦了一個派對，邀請作家和責任編輯一起出席，那時他來跟我說了很多鼓勵的話，也說很期待我重拾畫筆。不過……公司的其他團隊可能有一些失誤吧，在跟我對話的過程中他接到一通電話，他就對著電話那頭的人大發雷霆。看到他生氣的樣子，我突然又緊張了起來，莫名感到害怕。」

改變運作已久的行為模式，非常不容易

這就是恩兒至今不斷重複經歷的不安，而這又怎麼會成為恩兒新的煩惱呢？

「他是對別人而不是對妳生氣，應該可以旁觀就好吧？而且這也不是常態。」

「對，其實只要這樣就好，但問題是我必須定期跟那位理事見面。開始連載之後，一個月要開一次會。因為不只是畫漫畫，還要用漫畫角色製成商品，也打算要製作網路劇。所以作者、導演和行銷組長要一起開會，那位理事也會加入。責編姊姊說理事非常喜歡我的作品，所以他會親自參與，這是件好事，但我聽完她這麼說之後反而覺得這件事情沒這麼簡單。」

「原來如此，有什麼事情可能會讓理事對妳生氣嗎？」

恩兒彷彿一直在等我說這句話似地點了點頭，稍微思考了一下便接著說：

「我也想過這點，『如果是醫生的話，會對我提出什麼問題』，答案卻出乎意料。」

「出乎意料？妳的答案是什麼呢？」

「我覺得跟理事見面沒有什麼關係，畢竟就像醫生說的，他不可能像對待下屬那樣對我生氣。開會這件事是無所謂，但我突然很疑惑，我來醫院已經六個多月了，居然還是這樣……」

「妳可以說得更具體一點嗎？」

「總之就是我已經接受治療很久了，也說了很多我究竟為什麼不安、為什麼痛苦，現在也知道我會把這種不安當成是別人的錯。雖然知道，但還是一直感到不安，已經接受治療很久了，但我還是這麼痛苦，似乎完全沒有好轉，讓我覺得很悶，還有……」

恩兒好像開始整理自己的思緒。

「在來這裡之前我曾自己想過，我不需要再因為這些事情不安、痛苦、害怕，雖然花了一點時間，但我現在已經沒事了，總之就是開始在想，我有必要繼續來醫院嗎？現在好像不來也知道怎麼讓自己比較舒服了。」

看著混亂的恩兒，我反而覺得很安心，她真的不一樣了。心裡被什麼問題困擾的時候，會自己找出原因，也會想像跟醫師一起談論這個話題的樣子，就像真的在會談一樣，幫助自己找回內心的安定，恩兒已經進入和之前不同的階段了。

即使透過精神分析了解自己的問題，要改變已經運作已久的行為模式並不是件容易的事。我們的行為模式有一定的慣性，會照著原本的樣子持續運作，即使那會讓自己痛苦、難過也一樣。如果想擺脫這種習慣性、無法改變的行為模式，那就要持續嘗試改變，這個過程叫做「修通」。開始修通之後，恩兒接受治療想要達到的目標就會更明確。

當「沒關係」的聲音響起

「原來如此，接受了六個月的精神分析，但受到刺激又開始感到不安，確實是會開始懷疑自己是不是真的有變好……不過恩兒，妳覺得所謂的變好是什麼意思呢？就是什麼才叫比現在更好呢？」

恩兒想了好一會兒，然後才回答：

「醫生，我的狀況不是完全沒有改善，像以前肯定會躲起來或是哭個不停，但這次我有堅持住，繼續畫畫，也沒有逃避開會，我想我的心確實比來醫院之前更堅強了。但遇到刺激的時候還是會害怕，我已經這麼努力了。」

「是嗎？那妳的狀況確實比一開始好很多嘍？」

「對，沒錯，我不是想說我的情況沒有好轉，而是每次龜縮時，我都會覺得很難過、憂鬱。我媽說我變了，但我不相信，我自己覺得我完全沒變，還是跟以前一樣。」

「原來如此，雖然平常覺得自己的狀況改善不少，但只要一憂鬱，這樣的想法就會消失，開始往不好的方向去想，會有這種想法是正常的。就像戴著全黑的太陽眼鏡，看到的世界也會一片漆黑一樣，憂鬱就像是為妳的心戴上了有色眼鏡，會以負面的角度來看自己跟這個世界，但至少妳現在似乎已經離開這個階段了。」

「不過當我的心情有點起伏的時候，就又會感到害怕，我覺得這也不是暫時的，會很擔心好不容易擺脫的問題又捲土重來。」

「我明白，妳記得這次是怎麼把心情穩定下來的吧？」

「原本真的很害怕、很緊張，但突然想起醫生的聲音。想起我因為被媽媽罵感到自責時，醫生對我說沒關係的事情，然後就莫名地感到安心，突然覺得不害怕了。所以我就問自己『醫生會說什麼』，如果是醫生，應該會問我為什麼會有這種想法，所以我就開始想原因是什麼，然後發現這種想法其實沒有什麼特別的。」

「那麼，妳從開始整理想法之後到穩定下來，花了多少時間？」

「大概花了半天左右。」

「半天！我覺得這很棒啊！」

「怎麼會？」

恩兒疑惑地反問。

「妳感到憂鬱的時候，就會像我們在這裡做的一樣，自己思索為什麼會產生這種想法。用這種方法擺脫憂鬱情緒的時間非常短，如果是以前肯定會痛苦好幾天，而且這次妳也沒有暴飲暴食吧？」

「是這樣沒錯……我應該是有好一點，但如果像這次這樣，我可以自己擺脫憂鬱心情的話，那我還有必要繼續來嗎？」

從恩兒的聲音裡，可以聽得出她十分猶豫。

「這是很重要的問題，妳自己怎麼想呢？想要繼續接受分析嗎？還是想要到此為止呢？」

「我也不知道，今天來之前我一直覺得好像到這裡就差不多了，我自己可以控制自己的情緒，這樣應該就夠了。但跟醫生聊過之後，我心情變得更穩定了。自己一個人思考時也會想起這裡，感到憂鬱的時候，這個空間也像讓我不要繼續往下墜落的浮木一樣，所以我也覺得好像應該繼續來。」

「今天也覺得內心很平靜嗎？」

「就是醫生說我的狀況比之前好的時候，我自己一個人的時候沒有這種感覺，但醫生說我有好轉，我就放心了。」

「妳現在說的這番話真的很有意義，也是我們繼續對話最重要的原因之一。妳現在已經知道自己的行為模式了，如果這個模式長期運作下去，那就會變成妳的個性，個性是經歷漫長的時間累積形成，所以很難一下子就改變。而且妳自己實在太熟悉這種行為模式了，所以很難察覺是什麼讓自己痛苦，又是什麼地方和以前不同，但現在妳自己能夠看到這些改變了。」

「醫生也這樣覺得嗎？」

我點了點頭繼續接著說：

「現在讓妳難以忍受、折磨著妳的症狀正慢慢消失，所以如果妳覺得這樣就夠了，那也可以中斷治療。如果妳希望自己的個性有所改變，那就需要更長的時間，妳想怎麼樣呢？」

請相信，一定能做得更好

聽完我的話之後，恩兒陷入沉思。我們現在正站在岔路口，必須選擇要在這裡結束分析會談，還是繼續前進到不同的階段，等了好久恩兒才終於開口：

「我希望可以下次再回答。」

我覺得，無論恩兒做出怎樣的選擇都沒關係。她的症狀已經改善很多，現在也有了照顧自己的能力，所以就算會談在這裡停止也沒關係。如果要繼續會談，那就繼續現在的進度，一起把恩兒訓練成更堅強的人。一起打造出一副堅強的盔甲，用來保護細膩、軟弱的自己。

「好，妳想再繼續談這件事的時候，可以隨時通知我，無論妳做出什麼選擇，我都相信妳一定能做得很好。」

我這番發自肺腑的真心話，能夠如實傳達給恩兒嗎？聽完我的話之後恩兒露出了微笑，接著便從座位上起身，就連她離開診療室的步伐，看起來都莫名地充滿力量。意志堅強的恩兒離去之後，我帶著滿足的笑容看著半開的診療室大門，感覺就像跟恩兒一起站在新起點一樣。

［修通］

人總是不斷重複同樣的錯誤

現在，個案已經透過解釋和領悟產生病識感，知道自己的問題究竟在哪裡，但同時也面臨了新的問題。

「為什麼明知道這行為有問題，但還是一再重蹈覆轍？」

之所以會發生這種現象，是因為我們的理智雖然知道這是潛意識裡產生的衝突，但感性卻尚未接受的緣故。明知道想減肥就不能吃消夜，但還是忍不住；知道想要增強體力就要規律運動，但還是很難實踐，了解問題所在並不困難，真正困難的是實際做出改變。

在精神分析過程中，了解問題，且在沒有醫師的協助之下，自己處理問題的過程稱為修通。恩兒看到自己的書迷對其他人發火的樣子，感受到嚴重的焦慮，而且產生想要躲起來的衝動，這時候恩兒便想像，如果是醫師，遇到這個情況會對自己提出怎樣的問題。接著她開始自己找尋問題的解答，最後得出理事不會無緣無故對自己發火，所以可以不用逃避的結論。這種在沒有醫師協助的情況下，運用在精神治療過程中學到的方法稱為修通。

人經常會犯下同樣的錯誤。而美國精神分析師哈里．斯塔克．沙利文，從我們的焦慮情緒中找到了原因。焦慮情緒是源自害怕被他人責罵的想法，人們為了撫慰這種焦慮，便會自動反覆啟用屬於自己的行為模式。就像面對重要考試或是會議時，反而不是讀書或準備，而是會早早上床睡覺、看電視、做家事，接著又後悔地想：「我怎麼又來了？」理性知道這樣不對，但還是選擇了現在能夠讓自己放鬆的方法。相反地，持續接受會談的恩兒，打從心底接受這個治療過程，並且將會談當成自己的心理安全基地。產生焦慮情緒的時候，就會在自己的心中尋求醫師的幫助，重複治療過程，透過這樣的方式，保護自己免於焦慮情緒的困擾，並幫助在現實中面臨重要選擇的自己，不要被焦慮情緒打敗。

修通這條路很長、很辛苦。未來，恩兒肯定還會再多次經歷想要逃回自己的兔子窟（安全基地）躲起來的想法，但恩兒和我已經明白，暫時逃跑也沒關係，只要先躲進我們一起建立起來的內心安全基地，稍事喘息、撫慰一下受到驚嚇的心之後，再鼓起勇氣走出去就好。這個過程雖然很無趣、很艱辛，但確實是緩慢且堅定地朝著自己期待的方向前進。

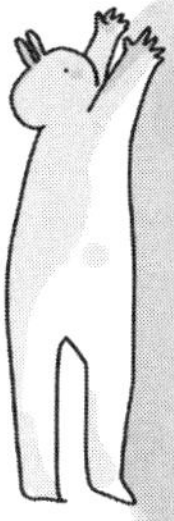

STORY
05

因為不完美而生氣嗎？

會有人因為不滿意地球自轉的方向而生氣嗎？
那會有人因為太陽從東邊升起，西邊落下而不滿嗎？
我想肯定不會有人因為這種事情不開心。
那當家人、朋友或戀人的行為和自己的想法背道而馳，
或是不符預期呢？
當自己沒能達成自己訂下的目標，宣告以失敗收場時呢？
就像地球自轉、公轉一樣，
人們總是以自己的理論來思考、行動。
沒有人能夠百分之百完美地掌控一切。
但我們為什麼總是會陷入一種思維，
認為這世界上的一切都要照自己的想法來運轉？

——「腦內探險隊」許奎亨

〔談話室〕

還是開藥給我吧

晚上，孩子發起了高燒，是手足口病。孩子因為生病睡不好，連帶讓我也無法睡得很沉。所以我在確認今天的預約會診名單時，精神狀況有點不好，但偏偏今天上午要會談的人就有三位。緊接在服用憂鬱症藥物，整天都無精打采的大學生、因罹患社交焦慮症，所以無法正常在同事面前報告的上班族之後，第三位走進診療室的人是申昱。有別於前面兩位個案臉上都帶著明顯的猶豫、尷尬神情，申昱西裝筆挺，毫不猶豫地坐下。在初診的事前問卷調查中，申昱勾選的症狀只有一個，就是失眠。

「最近完全睡不著，朋友就推薦我來這裡。」

「朋友？」

「對，吳東秀，記得吧？」

「東秀嗎？」

從初次見面的個案口中聽見認識的名字，真是令我大吃一驚。東秀是我國高中同學，畢業後雖然上了不同大學，但都是讀醫學院，後來也都成為精神科醫師，現在是我的至交。

「當然認識，但他沒有事先跟我說，如果能先跟我說一聲就好了。」

「不，是我請他不要說的，因為我還在考慮要不要來。原本是想請東秀開點藥給我，但他建議我來做精神分析，並推薦我來你這裡。其實我也在想有沒有必要來看精神科，更何況我自己也在精神科接過一些個案，所以一想到自己竟然要來精神科，真的有點不情願。」

凡事一定按照計畫行事

後來才知道，申昱是整形外科的主治醫師，曾經在精神科實習過。

「不太願意嗎？看來醫師也跟一般人差不多嘛。」

雖然是可以一笑置之，但聽到同為醫師的人，說出這種對精神科的偏見，實在讓人感到有些悲傷。

「你說你睡不好是嗎？」

「對，最近真的睡得很不好，也因為這樣容易想東想西，就更睡不著了。」

「從什麼時候開始的呢？」

「嗯，大約一個月前開始的，有越來越嚴重的趨勢。一開始是躺下去之後，要翻一、兩個小時才入睡。本來覺得過陣子就好了，但卻一直沒有好轉。」

「越來越嚴重嗎……那最近的狀況怎麼樣呢？」

「很不容易入睡，就算睡著也經常睡到一半醒來。」

「你說是從一個月前開始的吧？在出現這種症狀時，有沒有發生什麼特別的事呢？」

「東秀也問了我一樣的問題，但沒有什麼特別的事。就只是跟女友大吵一架而已，應該就是從那晚開始的。當時以為是因為女友的事讓我心情不太好，所以才睡不著。」

我本以為可能是工作過勞或是壓力導致失眠，沒想到會聽到跟女友有關的事情。

「能不能說得更詳細一點呢？」

「女友的事情嗎？這會有幫助嗎？」

申昱聽完我的問題後非常不高興，便雙手抱胸、靠著椅背反問我。同樣是醫師，又是熟人的朋友，再加上擺出這種防衛態度，我有預感未來的會談應該不會太輕鬆。

「如果這會讓你不太愉快，那可以不要說。不過如果是因為發生某件事而導致失眠症狀的話，那解決那件事對緩解失眠症狀是有幫助的。雖然可以吃藥控制，但找出壓力的原因加以根除，才是最根本的方法。」

雖然他並沒有完全認同我說的話，但還是好像聽懂我的意思似地點了點頭。

「請不要跟東秀說，這不是什麼好事。」

「這是當然的，你在這裡說的事情，全部都會保密，請不用擔心。在你同意之前，我們不會跟包括父母在內的任何人透露會談內容。」

「嗯，這是『保密義務』對吧？但突然要我說，我還真不知道該從何說起。」

「什麼都可以，像是當時為了什麼吵架、吵完之後你有什麼想法、是否有和解，想到什麼說什麼就好。」

「嗯，當時女友提議要分手，當然我們現在還沒分手啦。但當時我真的很驚訝、很生氣。」

「你覺得又驚又氣嗎？女朋友是為什麼會說出這種話呢？」

「那天我們約好要碰面，但她遲到了，她平時就經常遲到，但那天有點誇張。我是喜歡按照計畫行事的人，約會時也會先決定好要去哪裡吃飯、之後要做什麼，女友也喜歡我這麼用心。但該怎麼說……可能是我太用心了，所以女友反而都不太付出吧？她一遲到，就完全打亂我的計畫了。我有點在意這方面的事情，而且遲到也有點沒禮貌啊。」

「對，明明很認真準備，但女友卻遲到的話確實可能會有這種感覺，後來怎麼樣了呢？」

「所以我就對她說了很嚴厲的話，我說都是我在準備，只要妳遵守時間而已有這麼困難嗎？結果她說很抱歉她遲到，但就算遲到，也只要再稍微調整後面的行程不就好了嗎？聽完她說的話我突然更生氣了，我自己也認為我可能有點大聲，但我覺得這次一定要好好糾正她這種想法，所以說話就大聲了起來。我把之前發生的事情一件一件拿出來說，算她至今為止遲到幾次、我一直忍到現在等等。其實約會這件事，你應該也懂吧？像我們這樣的人時間非常寶貴，接著女友就哭著跟我道歉，那天我們就這樣分開了，幾天之後她就說沒辦法繼續跟我交往，很扯吧？」

完美主義傾向的強迫症

中昱說的事情有幾個地方讓我很在意，沒有遵守時間確實是女友的錯，但真的有必要氣到大吼嗎？其實就算不提這點，他對待女友的態度也有些微妙的不和諧之處。無論是「說了嚴厲的話」，還是「一定要糾正這樣的想法」等，比起對待自己的情人，更像是主管對待下屬會說的話。而且女友哭著跟他道歉，他也絲毫不感到抱歉或是同情，這點讓我很在意。不過第一次會談就提這種事情很危險，一不小心可能會使他的心牆越築越高。

「原來如此，但幸好你還是跟她講開了吧，現在不是還繼續交往嗎？」

申昱搖了搖頭，看不出他的態度是樂觀還是悲觀。

「我們不可能那麼容易就分手，因為我們還計畫結婚，經過幾次爭辯之後，一個星期前才決定繼續交往。」

「嗯，如果是跟論及婚嫁的女友之間發生問題，確實是會讓人壓力大到失眠。也有可能是因為別的事情累積了一些壓力，跟女朋友吵架則是失眠開關的『觸發點』。」

申昱鬆開了抱胸的雙手，一隻手放在嘴邊開始思考。

「這或許可以說是壓力吧，其實我不太相信女人，更是討厭那種很愛說三道四、沒有責任感的女人。我覺得現在的女友跟其他人不一樣，所以才決定跟她結婚，但一想到有可能會分手，真的讓我受到很大的打擊。」

對待女友的態度，會是源自他原本對女人就不信任的想法嗎？但從目前為止的會談內容來看，我覺得申昱不僅不相信女人，對男人似乎也有類似的想法。從他對自己嚴格、想控制女友的樣子看起來，我懷疑他可能有完美主義傾向的強迫症。我正在病歷上記下「強迫症」幾個字，這時便聽見椅子往後一倒，發出了「嘰咿」的聲音。

「醫生你有女朋友嗎？結婚了嗎？」

靠坐在椅子上的申昱突然丟出了問題。

「我嗎？你為什麼想知道？」

「沒什麼，只是心血來潮想問一下，因為你一直在問我女朋友的事情。如果想睡個好覺的話，我還是吃藥比較好對吧？」

不知道是因為他是醫師，還是因為他的個性，我覺得申昱似乎也是依照自己的想法在引導整個會談的進行。

「為了確定要不要開藥，我想再請教幾個問題。除了剛才說的那些之外，還有沒有其他的壓力呢？無論是醫院還是家裡帶給你的壓力都可以。」

為什麼會有這種個性？

申昱看著我搖了搖頭，這次確實是否認的意思。首先我請他描述自己的睡眠狀況給我聽。他的睡眠狀況是在躺下之後，要過兩個小時才能好不容易入睡，中間會醒來好幾次，然後清晨會很早醒來。我說會開藥給他，但一開始藥可能不會完全合適，精神科開的藥，每位個案吃了都會有不一樣的反應，所以要花一點時間觀察、調整用藥，然後也建議他要同時定期進行會談，申昱用一種彷彿已經知道我會說些什麼的樣子點了點頭。「會談」這兩個字雖然讓他遲疑了一下，但他還是很快回答說知道了。

申昱不是那種遇到「根本性問題」的一般個案，而是只要能夠立刻解決失眠問題就好的醫師。老實說跟這樣的他提議進行會談這件事究竟對不對，我也沒有把握。其實對會談一直很抗拒的申昱，並不是一個好應付的個案。會談過程中，必須要小心不讓他有被批評的感覺，這比平常更耗費精力。同樣是醫師，應該要用更具醫學專業的方式來解釋，再加上他也是朋友的朋友，這讓我壓力很大。不過他很堅持要按照計畫來、對女友的態度像在評估這個人的價值一樣，這些都讓我很在意，我想要確認一下究竟為什麼會讓他有這種個性。我把這些煩惱寫在病歷上之後，就請下一位等待會談的個案進來。

〔保密義務〕

噓，這是祕密

申昱不太願意把自己的事情告訴醫師，因為他平常也不會跟朋友說自己的煩惱，面對第一次見面的醫師更是難以啟齒，再加上他也擔心他說的這些話，有可能會讓介紹他來這裡的朋友知道。

申昱說的「保密義務」是醫療倫理之一。這是醫師不得將在治療過程中獲得的資訊，洩漏給第三者的義務，但不僅是醫療領域，提供顧客諮詢的諮詢專家等，也都有這個義務。尤其是精神科，這個義務更加重要。因為光是讓人知道自己在接受精神科的治療，就很可能會引發不必要的誤會與偏見。

跟自己的精神健康有關的事，若被不特定多數知道，個案就會失去能自由傾吐心聲的對象。會開始顧慮別人怎麼看待自己，進而使得他們對傾吐心聲這件事感到遲疑。

但請不要擔心，在取得個案本人的同意之前，會談內容絕對不會告訴包括父母在內的任何人。要提供就診紀錄給保險公司的時候，也會通知個案，或是請個案在同意書上簽名。若法律要求提供就診紀錄，也要提出相關的必要資料。

但這當然也有例外。若在治療過程中得知自殘、傷害他人、虐待兒童等相關資訊時，就必須聯繫家屬或是與當事人相關的機構。所以在診療室裡，我們通常會告知個案「除非你有強烈的自殺念頭，或是有強烈衝動要傷害他人，否則所有事情都會保密」。

此外，我們有時候會為了研究或診斷而分享資訊，這時當然會先取得個案同意，在遮蔽個人資料，或修改部分內容之後才分享出去。即使對個案有利，但真的很少有可以不顧及保密義務，就提供資料給第三方的情況。所以如果你因為擔心自己的醫療資訊曝光，而猶豫要不要去看精神科的話，那我可以跟你說不必太擔心，我們有替各位保守祕密的義務。

〔談話室〕

如果不是約會而是面試，還會遲到嗎？

跟申昱會談完的那天晚上，我打電話給東秀，既然想起了他，就順道跟他問個好。雖然是我撥電話過去，卻反而是東秀先提起請我好好照顧申昱的事情。東秀跟申昱是大學社團時認識的朋友。申昱很會讀書、個子又高，長得好看，所以非常受歡迎。長相端正清秀，一看就是那種會去讀整形外科的樣子，無獨有偶的是，整形外科的學長姊們也老早就看中他，一天到晚在「勾引」他。東秀口中的申昱，和我對他的第一印象並沒有太大差異。

「同一個社團的話，你們應該很熟吧？」

我聽見東秀在電話那頭笑了出來。

「這有點難說，也不算不熟，但也不能說很熟。」

真是個模稜兩可的回答。

不是吃了藥就會很快好？

一個星期之後再見到申昱時，他看起來非常不高興。

「我覺得藥好像沒用，我還是睡不好。不知道是因為藥的問題，還是睡眠不足的關係，早上會有點暈。」

「因為才剛開始服藥，所以很可能這種藥不適合你，什麼時候暈眩感最嚴重？」

「早上起來的時候，我以為吃了藥很快就會好，真不開心。」

他的聲音中也透露著不耐。

「這可能要花點時間。那你的日常生活呢？工作或開車時有遇到什麼問題嗎？」

「原本上班時我就不會開車，大概到了十點或十一點左右就會很暈、很睏，但很快就沒事了，幸好工作的時候沒什麼大礙。醫生，你看一下這個。」

申昱讓我看他的手機，上頭記錄的是過去一星期入睡的時間、從睡夢中醒來的次數、醒著的時間等等。我驚訝地看著申昱。

「你有做睡眠日記啊？畢竟我沒有教過你要做這個……而且也幾乎沒有人會像你一樣記錄得這麼仔細，真是了不起。這個圈圈、三角形、叉叉是什麼意思？」

「早上起來如果覺得睡得好就畫圈，不好就打叉，覺得不上不下就用三角形。你看就知道，我還是經常為失眠所苦，而且常常作夢。看來連吃藥也沒有用，來看精神科還這樣，反而讓我壓力更大，有沒有辦法讓我更快好起來？」

談這種事情對失眠有幫助嗎？

我突然想起申昱是個難以忍受事情不照計畫發展的人。就像他會因為女友在約會時遲到而生氣一樣，他自己沒辦法控制失眠這種身體症狀，所以讓他很不高興。寫睡眠日記確實對了解、掌握症狀有幫助，但因為沒辦法馬上改善就焦躁不安，這樣只會妨礙治療而已。必須要讓申昱把對失眠這個狀態的注意力，轉移到失眠的原因上頭才行。

「沒錯，真的只有一個圈呢，大多時候都是會醒來兩、三次。那你跟女朋友怎麼樣了？復合之後關係有什麼改變嗎？」

「喔，就……上週末我們有見面，老實說我確實感覺氣氛跟以前不太一樣，按照計畫來看，我們現在應該要正式開始規劃婚禮了，這讓我有點煩躁。」

「你應該很在意吧？」

我附和他的話，沒想到他瞬間皺起眉頭來。

「談這種事情對失眠有什麼幫助嗎？」

因為已經預期他會有這樣的反應，所以我微笑著說：

「對，上週也跟你說過，這是為了解決問題的根源。你是因為跟女友的衝突而開始失眠，所以我覺得先從這裡開始談會比較好。你們是怎麼交往的、至今為止如何維持關係，一一釐清這些資訊，應該就可以找出解決的方法。」

「真奇怪，來精神科好像就非得要談這種事情。」

接著他開始思考，然後一臉心不甘情不願地說：

「大概是一年前的這個時候，教授說要介紹一個不錯的人給我，要我跟對方見個面。我不能不聽教授的建議，也覺得既然教授會這樣說，應該是有他的理由，所以我就去了。」

中昱簡單地講了他跟女友交往之前的事。他女友的父親是在首爾擁有幾棟大樓和住商混合套房的有錢人，一直以來就想要一個當醫生的女婿，所以才拜託認識的教授介紹。中昱說他聽完教授的說明之後，便認為這是以結婚為前提的交往，所以第一次見面時就非常用心。

「見面之後發現，對方外貌姣好，個性也不錯。本來以為是不懂事的富家女，但第一次見面她就準備了禮物，而且品味也不差。我覺得應該要回報她的禮物，所以就又跟她多見了幾次面，接著就自然而然交往了。」

「每次見面的時候，都是由你來規劃的嗎？」

「對，都是我來規劃行程，女友喜歡依照我規劃的路線來走。」

「有很多情侶會因為想吃的東西、想去的地方不一樣而爭吵，你們應該完全沒有這種問題吧？」

申昱聳了聳肩，像是在表達他完全無法理解怎麼有人會有這種煩惱。

「完全沒有。」

「嗯，在因為遲到而起衝突之前，你們不曾有過爭吵嗎？」

雖然感覺到申昱用不滿意這個問題的表情看著我，但我仍假裝沒注意到他的想法，靜靜等著他的回答。

「那大概是交往六個月左右的事情，與其說是吵架，應該說是我稍微唸了一下她吧。我們提到結婚的事情，我覺得應該要慢慢開始準備了，像是什麼時候結婚、結婚之後要住在哪裡、何時生小孩等等。當然，我是有我的計畫，但女友的意見也很重要嘛，可是女友卻說她完全沒有想要結婚。」

「然後呢？」

「因為是以結婚為前提的交往，她這六個月來什麼都沒有準備，這更讓我生氣，也覺得是不是家裡太寵她了才會這樣，所以我稍微責備了她，說她『很不會想』，也告訴她結婚不是件容易的事，後來女友就哭著說之後她會想想看。從那之後，我們就有跟雙方父母見面，也開始著手準備結婚了。如果當時我沒主動提出來，女友或許到現在都還不會去想這件事。」

無法理解別人有不同的意見

聽完申昱的話之後，我突然覺得如果換成是他女友來說，可能會變成一個截然不同的故事。申昱的腦海中對結婚的想像非常明確，所以女友的想法一開始就不重要，他該不會沒有想到，女友可能一開始就跟他有不一樣的想法吧？

「你的女朋友曾經有過跟你不同的意見嗎？」

聽完我的問題之後，申昱用一臉我好像在說什麼外星話的表情看著我。

「我不是有說嗎？女友喜歡按照我的計畫來，我是會建立詳細計畫的人。」

「也不曾對你表達不滿意的情緒嗎？」

「我不會讓這種事情發生，就連約會時間也是一樣。至今為止約會我從來沒遲到過，覺得可能會工作到很晚的時候，就完全不安排任何約會。但女友卻不是這樣，如果不是跟男友約會，而是重要的面試，那她會遲到嗎？我覺得我們必須把彼此看得跟人生大事一樣重要才對。」

跟申昱會談最辛苦的部分，就是身為醫師的我，難以對申昱的痛苦產生共鳴。申昱在描述女友提分手前的情況，都是以不斷強調自己有多完美，相較之下女友有多麼差勁的方式來說話。約會遲到或許是女友的錯，但大發雷霆引發衝突的人是申昱。可他卻把兩人不和的原因歸咎成是女友的問題，合理化自己的作為，將自己的錯誤全部轉嫁到女友身上。

最重要的是，申昱完全不接受女友的想法很可能和自己不一樣。他似乎缺乏理解別人很可能和自己有不同想法的「判斷」能力。

雖然我想更深入思考申昱的問題，但這是他個性的問題，似乎很難在短期內解決。我想今天應該談到這裡就好，所以就在稍微安撫他、跟他約好下次會談時間之後說：

「有時候靜靜看著問題發展，自己什麼事情都不做反而會有幫助。請你練習注意看看，當你因為失眠和跟女友的關係而感到煩躁、擔憂時，心裡浮現什麼想法。當你有浮現其他想法的時候，就順著那個想法繼續想下去就好。你通常都幾點下班呢？有運動的習慣嗎？」

申昱又因為我的問題而不開心了，因為他總是皺著眉頭，連帶我也跟著一起皺起了眉。

「上個月我停掉了健身課程，從這個月開始就沒再去運動了，連運動都不行，真的是沒一件事情順心，有種人生整個毀了的感覺。」

下定決心要運動，但最後卻不了了之，這對一般人來說是稀鬆平常的事。但申昱是凡事都要按部就班的個性，所以無法完全掌控自己的身體和意志時，肯定會讓他壓力很大。

「人生整個毀了……居然讓你有這樣的想法啊。申昱，現在確實有事情困擾你沒錯，但你好像想得太誇張了。是因為最近狀況不好，所以也讓你的想法越來越負面，今天我們就到這邊結束吧，我會幫你換一下藥。」

申昱深深地嘆了口氣，然後說：

「好像沒有整理出什麼頭緒呢，總之只能希望這次你幫我換的藥會有效了對吧？」

申昱這毫不掩飾的說法，讓我的臉一陣熱燙。有一種之前的會談都被忽視的感覺，我心裡迅速升起一股不愉快的感覺。

一切都必須在「控制」中

「我覺得你對目前情況的想法好像太過負面了，你似乎認為健康、人際關係、工作，所有的事情都必須要依照你的想法來運作才會滿意。如果不如預期，就覺得人生好像毀了，你是用一切都必須要在你的『控制』之下的想法來接受治療，我希望下次我們可以聊聊這個想法是從何而來的。」

「控制」是我在為申昱精神分析的過程中，不斷浮現在腦海中的關鍵詞。

我會不會是太快把這個關鍵詞告訴他了呢？難道應該要一直表現出跟他很有共鳴的樣子嗎？但即使我後悔，也已經覆水難收了。申昱冷漠地看著我，他是個很聰明的人，所以不可能聽不懂我說的話。

「那我該做什麼準備？」

「你可以先針對這件事情進行思考，但不去思考這件事也沒關係。」

我們約好下次會談的時間後，申昱便離開診療室。診療室門一關上，我便全身癱軟，每次幫申昱看完診，都有一種全身無力的感覺。想控制自己跟周遭所有人的申昱，似乎連我都想要控制，這種感覺真的令人背脊發涼。過去這段期間申昱所做的選擇，都成功地幫助他自己掌控所有的事，但女友突然提分手，卻是完全擺脫控制的突發行徑，他會不會在這樣的情況下，感受到巨大的挫折呢？我在筆記上寫下：

control issus、perfectionism、看起來有強迫型人格障礙

記錄下我對他的印象，希望下一次可以針對這部分更深入地討論。

〔心智化〕

要了解自己，別人也才能了解自己

心智化是理解他人的想法與情緒的過程，可分為單純以個人想法來理解他人的內隱心智化，以及刻意努力去理解他人想法的外顯心智化兩種。內隱心智化的人不會自省，而是會直覺地以自己的觀點來看待對方，舉例來說像是當孩子哭了，這一類的人會很直覺地認為是「肚子餓了嗎」而外顯心智化則是知道自己與他人不同，有意識地去反思、深入思考，以努力了解對方。

請看下一頁的畫，你看到什麼呢？

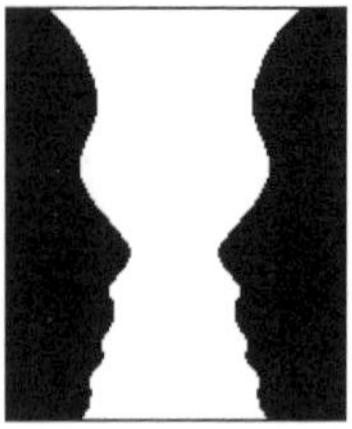

有些人會看到水瓶，也有些人會看到兩個人對看的側臉。一看到這張圖就立刻產生的想法，是自發性的內隱心智化。如果像是自己看到水瓶，旁邊的朋友則看到兩個人的側臉，當下發現自己跟別人看到的東西不同時，會努力去找出「兩個人的側臉」，那麼就是外顯心智化。但如果你的反應是「什麼啊，我怎麼看都覺得是水瓶，到底怎麼看出是兩個人的？傻眼耶！」的話呢？那就表示你或許是個無法接受與他人的不同、不會去意識到每個人都有自己的想法與情緒的人。我們可以說這種人，是沒有成功完成外顯心智化過程的人。申昱完全不能接受女友對結婚的想法可能和自己不一樣，這就表示他在外顯心智化的過程中遭遇問題。

心智化不僅僅是理解他人的想法與情緒，同時也包含了理解自己的想法與情緒。假設孩子在家裡打鬧，把水灑到地上了——

看到孩子的行為立刻叫出來，就是內隱心智化的過程，但也可能會有人在叫出來之前，先整理自己的情緒與想法，發現自己有點慌張、也擔心孩子有沒有受傷，甚至會因為自己太不小心而生氣，或者是沒有先注意到這一點而自責，接著便自然會聯想到，孩子並不是故意把水灑到地上的。當你發現自己同時產生許多情緒與想法，那就不會立刻叫出聲來，而是能夠靜下心來冷靜跟孩子對話，這種努力正視自己的情緒與想法的行為，就稱為外顯心智化。

每個人都有自己的意見，這是理所當然的事，但我們經常會忘記這一點，然後會因為對方不照自己的想法來行動而生氣。其實我們必須承認，每個人都會有自己的想法跟情緒。你是否難以理解別人的行為呢？在生氣、要對方改善之前，應該先問對方是基於什麼原因才做出這種行為。同時也要問問自己，現在究竟是什麼事情讓自己不開心，你會意外發現，很多事情不需要生氣、也不會很難理解。

〔談話室〕

我的個性有問題？

一星期之後，中昱拿給我看的睡眠日記，大部分都是三角形。雖然不完美，但失眠的問題有漸漸改善了。

「上週有發生什麼特別的事嗎？」

「沒有，醫生你呢？」

中昱漫不經心地回問。

「你會想知道我過得怎麼樣嗎？」

「我只是不知道要說什麼，所以隨口問問而已。」

「跟我說話不會讓你覺得很不自在吧？」

中昱下意識摸了摸領帶，然後搖了搖頭說：

「不會，不是這樣的，其實以個案的身分來醫院確實是一種很不一樣的體驗，不能說很享受。」

我也是屬於如果沒有病得很嚴重，就不太會

去醫院的人，所以可以理解他的想法。沒想到居然有跟我一樣討厭醫院的醫師，我有種發現同好的感覺，所以我們便針對這個主題聊了一下。

比別人活得更認真不行嗎？

「來，那你這段時間跟女友有發生什麼特別的事嗎？」

「有，這段期間我們見了一次面，通常我們見面的次數更頻繁。不過這次我沒辦法享受事先準備、規劃這件事，但也不希望約會漫無目的，所以我就按照你說的那樣，等真的發生什麼事情再去煩惱就好了，沒想到這麼做之後，我們見面時反而變得比較輕鬆了，很謝謝你給我建議。」

我有聽錯嗎？會談中總是跟我保持距離的申昱，居然會對我說謝謝？難道是他的心牆變矮了一些嗎？我想，是時候該來深入了解上次會談時沒能了結的「控制」個性了。

「申昱，你還記得上次面談結束之前我跟你說的話嗎？」

「記得，你說我是想控制一切的人對吧？」

「你還記得啊，那你有想過了嗎？」

申昱看著我說：

「回去之後我一直在想，其實聽到你這麼說的時候，我一點也不覺得訝異，我本來就知道自己是這樣的人。身邊的人也都說我很仔細、很有計畫。但老實說我從來沒想過這樣的生活有問題或是不方便，比別人活得更認真不是一件壞事吧？」

「我並不是想說你有問題，只是覺得有計畫、希望事事完美的這種個性，或許給失眠帶來影響。你剛剛說身邊的人也都這樣說吧？通常都是看到什麼情況才會這麼說呢？」

社會環境所造就的個性

申昱在學生時期，也是一個會完全按照計畫來讀書的人，朋友曾經說過他像機器。大學畢業開始實習後，申昱也獲得很好的評價。即便在忙碌的實習生活中，他依然每件事情都準時完成，只要覺得可能會稍微偏離原本的計畫，他甚至會利用休假把事情做完。就是因為這樣，所以整形外科的前輩才會喜歡他。

於是他也不假思索地選了整形外科，當然如預期地合格了。申昱至今為止，一直走在平順到令人驚訝的人生道路上，所以確實很難接受自己正在看精神科這件事。

「無論是讀書還是工作，我都是先建立目標，然後配合那個目標建立計畫。目前為止，從來沒有一件事情在我計畫之外，這不是我運氣好，而是我付出了相對的努力。」

「那你的人際關係呢？有幾個朋友好到能讓你傾訴真心話呢？」

「好朋友啊……我不太會跟朋友說這些事。一方面是我沒什麼煩惱，另外一方面也覺得就算跟朋友說，也不會獲得什麼解答吧。」

我突然想起當我問到跟申昱熟不熟時，在電話那頭苦笑的東秀。申昱很快補充說他不是那種會一股腦兒傾訴煩惱的人，有需要的時候還是有可以聯繫幫忙的朋友。

配合需要嗎？

「那異性關係呢？以前跟別人交往的時候，有沒有像這次遇到困難過呢？」

「你也知道，我們很容易疏忽女友。在醫院工作，總是只能把工作擺在第一位。交往最久的好像是六個月吧？就持續分手、交新女友的循環，正當我覺得受夠了的時候，現在的女友就出現了，所以才會希望我們可以順利發展下去。」

很少有人會對自己過去的戀愛史侃侃而談。對申昱來說，戀人也維持跟朋友一樣的模式，有需要的時候才見面、沒有需要的時候就分手嗎？

聽越多申昱的事情，就越是讓我想起以前曾經接觸過的強迫型人格障礙個案。他是個年約四十多歲，升遷速度非常快的高級公務員，大學考試、行政考試、考績、結婚，一切都依照計畫實現了。因為年紀輕輕就坐上高位，所以他覺得自己應該把事情做到最完美，於是便整天不回家只顧著工作，最後承受不了過度的壓力而罹患憂鬱症住院。因為他是要照自己的方式來做事才放心的人，身邊的人都說他不知變通、很固執，連可以一起喝個小酒的朋友都沒有，看起來憂鬱又虛弱，但卻不擅長表達內心的情緒，這樣的人就是典型的強迫型人格障礙。

但強迫型人格障礙者的學習能力、工作效率都非常好，所以他們通常不會想到是自己的個性有問題。尤其在韓國社會中，學生時期的競爭就已經十分激烈，擁有這種個性的人甚至會被當成是典範。也因此強迫型人格障礙者，很少會為了改變自己的個性至精神科求診。

這類型的人通常都要等到有憂鬱症、失眠等其他問題時，才會到醫院來。也因為他們來就診時，容易認為自己的生活方式被否定，所以治療起來也相對較為困難。當時我只是致力於幫助他改善憂鬱症問題，卻沒有針對個性多加著墨。看到申昱之後，我就想起那位個案。申昱熱衷自己的秩序、規則、計畫，在人際關係中重視的也不是親密感，而是追求關係能在掌控之下的感覺，這些都是非常典型的強迫型人格障礙特徵。就像風吹來的時候容易折斷的並不是隨風搖曳的蘆葦，而是直挺挺的樹木一樣，強迫型人格障礙那種不知變通的思考方式，很不擅長應付意外的改變。他們面對影響個人穩定性的事情很容易感到不安，如果事情沒有依照計畫發展，就會使他們非常挫折。女友提分手就能讓申昱挫折到失眠，與其說這是因為他很愛女友，我想更應該說是他沒有足夠的應變能力，去承受這種意料之外的突發狀況。

不知變通的思考方式，很不擅長應付意外的改變

強迫型人格障礙者，認為應該要用金錢、地位、成功來維持情緒上的穩定，所以很多人會非常執著於這些事物。申昱之所以會認為現在的女友很重要，也可能是受到女友家庭背景的影響。或許申昱認為，正是因為自己這樣的個性，所以他才能爬到今天的位置。也因此，我只能更直截了當地提出他個性上的問題。不過在引發問題的狀況當中，我們應該注意的是申昱的個性，會對整個狀況造成什麼影響。

「申昱，今天也辛苦你了，你跟我說了很多事情，我們來總結一下今天的會談好不好？」

面對各種問題都能自信回應的申昱，第一次沒有馬上接話，而是彷彿陷入思考一樣，靜靜凝視著某個地方。

「你覺得我的個性真的有問題嗎？」

「我認為與其說是個性的問題，應該說是你個性中的某個特點，使你和女友的相處出了

問題，而且也對你的失眠問題帶來影響。像是很會喝酒、也喜歡跟人來往的成功業務，某天突然罹患脂肪肝，對他來說喝酒是幫助他成功的手段，但卻給健康帶來影響。當然，脂肪肝只要暫時戒酒、運動就能夠恢復。你的情況也是一樣，有計畫、完美主義的個性幫助你成為整形外科醫師，為你帶來很好的影響。但如果想結婚的話，這樣的個性就會讓你和女友的關係產生問題。因為覺得只要掌握這一點，應該就能夠幫助你恢復跟女友之間的關係，所以我才會這樣說。」

「我明白你的意思了，我希望可以再想想。」

申昱跟我道別後靜靜地離開，但我卻覺得有點難過。他依然以否認自己的問題來掩飾弱點，絲毫沒有能讓我介入干預的空間。是不是應該從一開始就開藥、進行睡眠相關的衛教、專注認知行為治療會比較好呢？會不會是因為他是朋友介紹來的，再加上同為醫師，所以讓我太急著想收到治療的成效呢？煩惱到最後，我突然有種希望在下一次會談之前，申昱可以跟女友再吵一次架的想法，因為這樣我們就有機會可以談這件事了。天啊，我居然會希望個案發生問題！我搖了搖頭，想要擺脫這種誇張的想法。

[強迫型人格障礙]

不完美就感到焦慮的你

各位在聽申昱的故事時，有什麼感覺呢？會不會覺得像申昱這種外表看起來是成功的專業人士、很忠於女友的專情男人、照顧家人的大兒子，再加上個性有計畫又仔細，究竟有什麼問題呢？也可能會有些人很驚訝，我居然懷疑申昱是不是有強迫型人格障礙。在這裡，我們應該要先來區分一下強迫症與強迫型人格障礙的差異。在精神科中，只有在社會或職場上遭遇大問題時，才會將特定的情況稱為是一種「病症」，現在申昱除了跟女友間的問題之外，在工作上和人際關係上，並沒有遭遇太大的問題。

但想要掌控一切的個性，確實是申昱行為模式的重要關鍵，所以我才會認為他可能是「強迫型人格障礙」。

強迫症和強迫型人格障礙的差別，在於這種強迫的性格有多強烈，這也是為什麼在解釋強迫型人格障礙時，通常會提到強迫症的特性，強迫性格太強烈導致問題發生時，我們就會稱這種情況為強迫症。此外，一般人常會弄不清楚強迫型人格障礙與強迫症，但這兩者的概念其實截然不同。雖然同樣用到「強迫」這個字眼，但強迫型人格障礙通常會用頑固、完美主義、控制等詞彙來形容。這類型的人每一件事都要按照計畫完美執行，不懂得變通，不光是自己，就連工作、人際關係都要在掌控底下，才會讓他們覺得順心。因為很固執、對小事很執著，所以在別人眼裡會覺得他們很冷酷。這類型的人也不太擅長表達情緒，所以幾乎沒有什麼好朋友。他們通常不會覺得自己有問題，即使有問題也會因為頑固和不想被控制，所以不會積極接受治療。

而強迫症則是有強迫思考與強迫行為的疾病，他們會不斷想起自己不想要有的想法、衝動、事物，如果不做特定的行為就會坐立難安、無法忍受。像是想到瓦斯爐好像沒關，就會一直為這件事擔心，如果不去親自確認就會感到焦慮不安等。

跟強迫型人格障礙一樣，強迫症個案若因為過度的強迫思考、強迫行為，而嚴重影響到日常生活的話，我們也會把這種問題稱為是「障礙」。強迫症和強迫型人格障礙的個案不同，他們的行為通常會讓自己覺得很不舒服。強迫型人格障礙雖然會過度完美地控制日常生活，但他們卻不太會整理，這一點也和強迫症不一樣。強迫型人格障礙的頑固與完美主義，通常都和憤怒有關，而強迫症則是源自不安與恐懼。

無法完美地掌控工作、結婚、甚至是自己的身體狀況，就會讓申昱感到憤怒或憂鬱，這樣雖然還不到強迫型人格障礙，但確實是很可能有這樣的傾向。這樣的傾向可能會使個案難以控制憤怒，或者是對不受控的情況感到無力，進而發展成憂鬱症。即使成功結婚，未來的婚姻生活也很可能出現問題，所以我才會建議他繼續進行精神分析。各位身邊是否也有這種外表看起來很完美，實際上卻像一株直挺挺的樹木一樣，不知變通的人呢？

〔談話室〕

不，沒有那麼辛苦

一星期後再見到中昱，他的表情看起來放鬆不少。睡眠日記上也出現了三個圈、四個三角形，完全沒有任何一個叉，躺下到入睡所耗費的時間也縮短了，除了太早醒來之外，狀況都還算好。

「很好，你的睡眠情況好像漸漸上軌道了。但過程中如果受到壓力，或是參加聚餐喝酒的話，情況可能又會暫時變差，但確實逐漸步上軌道。」

「這種突發狀況當然要先預防，但狀況有改善真是太好了。我原本是一個睡眠完全沒有任何問題的人，實習階段和在整形外科受訓的時候，無論是在手術室還是醫護站，都只要倒頭就能睡……」

「其實很多人因為失眠而來醫院就診，其中

有一半以上都跟你說了一樣的話。」

本以為他會回我說他知道，但沒想到這次申昱卻沉默了下來，最後終於開口問：

「我們上禮拜不是提到我的個性嗎？會有很多像我這種個性的人來醫院嗎？我在想我是不是真的需要接受治療。」

「透過精神分析改變個性並不容易，有時候要花上好幾年的時間進行精神分析會談，但就算花了這麼多時間，也只能改變個性的一部分而已。」

「好幾年嗎？我沒想到要接受這麼久的治療。」

「大家都會很驚訝，尤其像你學的是只要動完手術就會立刻看到成效的外科，所以更會吃驚。這部分你可以慢慢考慮，今天你有想要說些什麼嗎？」

申昱輕輕搖了搖頭。

「我是有想過，但沒有想到什麼要說的。上禮拜會談結束，回家後似乎有想說什麼……」

「那等之後想起來再說吧，想到的時候寫下來也是個不錯的方法。」

「好。」

「那你現在在想什麼呢？」

「我只是在看牆壁上的時鐘，發現時間走得比我想像中還慢，會談通常都會進行三十分鐘左右，這應該不是特別規定的吧？」

「對，我並沒有特別規定跟你的會談時間或次數，但大多都會在三十分鐘左右結束，你記得很清楚呢，但你會覺得時間走得很慢嗎？」

「對，我一直在看指針走的速度，指針難道會停在一個地方這麼久嗎？」

和約定有關的回憶

我在想到底該讓他再多想想，還是要繼續提問時，突然看見上週的會談紀錄上，寫著「要談談家人的事」。在接受精神科會談時，通常都會從家族史或家人的事情開始聊，但在跟申昱會談時，卻從來沒談過跟家人有關的事。我決定，與其等申昱自己開口，不如就聊聊這個老掉牙的話題吧。

「跟女友的關係既然有改善了，那失眠的問題應該也改善不少吧？你之前說過，女友不遵守約會的時間，所以讓你很生氣對吧？小時候你有沒有因為不遵守約定而被罵的經驗，或是有什麼和約定有關的回憶嗎？」

申昱用手指輕敲著大腿，反覆地咀嚼著「約定」這個詞。

「約定……如果跟父母親約好做什麼事情，沒做到就會被罵之類的嗎？小時候我常被打，我爸會拿網球拍、高爾夫球桿，通常是拿到什麼就用什麼打我。有一次本來說好要一起吃晚餐，但我又很想跟朋友一起玩，因為我實在太想去朋友家了，所以就答應說一定會在晚餐時間回來，然後就出門去玩了。玩著玩著忘了時間，在超過約定時間後一小時才急忙跑回家，結果我爸就像在演電影一樣，問我要被打幾下才甘願，我說既然晚了一個小時，那就被打一下好了，結果他狠狠地把我打了一頓。」

申昱微笑著，還說當時以為他會被打死。

「小時候被打成這樣，應該很難受吧。」

「還好，其實也不會很難受。」

「不會很難受嗎？」

「對，我就只是經常被打而已。」

聽完他說的話之後我靜靜點頭，但總覺得哪裡怪怪的。小時候被成年男性用網球拍、高爾夫球桿等物品毒打，有可能會覺得沒什麼嗎？這表示申昱不想對當時的經驗產生任何情緒反應。

「對了，那你的家庭關係怎麼樣？有兄弟姊妹嗎？」

「我下面還有一個。」

「是弟弟嗎？」

「對，是弟弟。」

「你現在跟誰一起生活呢？」

「我在醫院旁邊租了間房子自己住。」

「其他家人呢？」

「我媽跟弟弟住在一起，家在首爾。」

「那爸爸呢？」

「爸爸過世了。」

我的每一個問題，申昱都不假思索地回答，反而是在他回答父親去世時，我有點愣住。

「我高中二年級時，他罹患胃癌去世了。他住院住了很久，一直沒能好好照顧他，我覺得很抱歉。當時我埋頭讀書，幾乎都不在家，我應該要對他更好的，一直覺得很遺憾。」

「真的很遺憾。那你母親的狀況呢？有在工作嗎？」

「有，現在也繼續在工作，我媽是婦產科醫師，在江北那邊開診所，已經工作很長一段時間了，我爸也是醫師。」

違背約定跟說謊一樣

申昱表示自己的成長環境並沒有什麼缺失，在經濟方面很寬裕，跟同齡的朋友相比，他可以擁有大部分他想要的東西，母親當時並非職業婦女，只有在週末工作，大部分時間都用來照顧申昱，所以他確實是在父母的關愛下長大。

「你有說過上學時因為成績很好，所以父母很開心對吧？父母親很在意你的成績嗎？」

「對，我媽很在意我的成績，我爸認為拿第一名是理所當然的事，如果拿到好成績，他們會多給我一點零用錢，但就算我拿第一名、得了獎，我爸也不會太開心。我媽總是叮嚀我要好好讀書、要跟會讀書的朋友來往，我原本覺得是因為我媽所以我才認真讀書，但現在想想，好像是因為我爸所以才努力讀書的，因為我很想獲得他的肯定。」

「你會建立讀書計畫嗎？還是臨時抱佛腳呢？」

「從小開始就會先把每天要讀的分量決定好。還有補習班出的作業、媽媽給的作業。每天都讀一點，這樣就可以不用臨時抱佛腳了，養成這種習慣之後，自然就變成一個做事比較有計畫的人。」

對某些人來說，每天有固定的分量要讀可能會是一種壓力，但這種教育方式似乎很適合申昱。

「那你母親是怎樣的人呢？簡單用一個詞來形容她，你會怎麼形容？」

「她是願意犧牲奉獻的人。在沒有娘家跟婆家的幫忙下，獨自把我們兩個孩子養大，爸爸去世之後也是自己養我們。即使在這麼艱困的情況下，她還是會跟我說『你是我們家的支柱』，常常陪我讀書到深夜。」

「真是了不起，那你父親是怎樣的人呢？你對他有怎樣的印象？」

「他是個很強悍的人。」

申昱立刻回答我的問題，然後停了下來，像是在整理腦海中的想法。

「他生氣的時候非常可怕，他非常討厭我們說謊。約好要一起吃晚餐但卻遲到的那次，他也是一邊打我一邊說違背約定跟說謊沒有兩樣，我覺得我爸才像支柱，我媽媽非常依賴他。」

是否刻意壓抑自己的情緒

看來申昱的父母很關心他，而且也始終維持一貫的態度，但同時也對他非常嚴格。在像零用錢等物質方面雖然不缺，但交友關係、一天的行程安排等方面，卻管控得過度嚴格。在這種嚴格管制的家庭環境下長大的孩子，通常會很早就開始反抗，或是在青春期變得非常叛逆。或許是因為申昱總是滿足父母的期待，從來不曾失敗，總是獲得父母的認同，所以並不會抗拒父母的掌控，進而把這樣的控制行為內化成為自己的個性。

聽完他父母的事情之後，就能夠理解他為什麼會認為約定很重要，並且會因為別人違背約定而大發雷霆。

「那個……我想我們今天只能聊到這裡了，我之後還有別的事情。」

看了看時鐘，才發現時間已經超過三十分鐘了。

「時間過得真快，今天我們聊得很愉快，我完全沒注意到時間，這對我了解你有很大的幫助。」

「真的嗎？我也覺得今天很不錯呢。」

申昱同意我說的話，並從座位上起身。今天的會談和過去不同，進行得很順利，但還是很難帶起申昱的情緒。一個人想起某個事件、某些回憶的時候，自然會產生相關的情緒，但申昱在提及父母時，卻幾乎沒有任何情緒，彷彿只是把事件列出來，並客觀地評論這些事件而已。即使我說一些能夠理解他情緒的話，他也會否認或是抗拒我的同理心。會不會是因為本來就鮮少顯露出個人情緒的父親會體罰，再加上雖然為孩子犧牲奉獻，但同時也依靠孩子的母親對他過度保護，這些都令他無法承受，所以才刻意去壓抑自己的情緒呢？基於這樣的想法，我在病歷上寫下「隔離」兩個字。

〔隔離〕

把不想面對的情緒收在抽屜裡

會談結束後，我在病歷上寫下隔離這兩個字，這是一種把和過去的痛苦回憶相關的情緒，另外拆解分離出來的防衛機制。這樣的情況會造成我們雖然記得那件事情，但卻感受不到與那件事有關的情緒，而這是因為人把記憶放在意識當中，而把情緒放進潛意識裡的緣故。感受痛苦的情緒會讓人非常難受，為了保護自己才會啟動這樣的防衛機制。

申昱想起被父親痛打的事，但卻若無其事地一笑置之，與其說他是真的覺得這沒什麼，我想更有可能是因為那樣的情緒太痛苦、太難受，所以才把它從記憶中「隔離」。如果直接表達出對父親的憤怒，那可能會遭受更嚴厲的懲罰，即便沒有遭受懲罰，光是對父親感到憤怒這點，就可能令他有罪惡感。

他把這種難以承受的情緒，放進潛意識裡面。

隔離是保護心靈的防衛機制，但透過隔離這種方法來保護心靈與精神，可說是如履薄冰。因為只要遭遇到一點點衝擊，就可能讓人的精神狀態變得岌岌可危，所以當努力隔離出來的情緒在潛意識裡浮現時，就可能會使人罹患嚴重的憂鬱症。尤其採用隔離這種防衛機制的人，本身就比較不容易認知、表達自己的情緒，也就更容易發生嚴重的問題。

如果不想陷入隔離這種防衛機制的陷阱中，那就應該要有一些健康且能夠排解痛苦、負面情緒的方法。像是寫日記完整記錄下自己的心情，或是向值得依靠的人傾吐等等。寫日記的時候，建議要把當天印象最深刻的事情寫下來，並且記錄自己的情緒狀況。而如果有人來跟你說一些讓他感到痛苦的事情時，也一定要幫助對方，把糾結的情緒充分地表達出來。

〔談話室〕

我想到此為止就好

「現在我可以不必再來了吧？」

長達一個多禮拜的假期，還令人回味無窮。因為連假的關係，我跟申昱睽違兩星期再度見面，他一坐下來就立刻提議說想結束治療。因為所有門診都延到連假之後，所以等待的個案大排長龍，讓我忙得不可開交，可一聽到他說的話，我就立刻醒了過來。本以為上次會談時，藉著談論家人的事，讓我更了解申昱的為人，但他突然提議說要結束，反而讓我擔心是不是我疏忽了什麼。

「你不想繼續接受治療了嗎？為什麼突然會有這種想法呢？」

「我的症狀已經好很多了，大約已經好了百分之八十。」

申昱拿出手機，給我看他的睡眠日記。雖然

症狀改善很多，但睡眠日記上仍然有畫叉的部分，情況雖不算太壞，但也沒有說真的非常好。

「那請你再吃一段時間的藥，等完全恢復之後再慢慢停藥吧。這段時間接受精神分析感覺怎麼樣呢？」

我可以自己調整藥量

申昱擺出一副無論我提出什麼建議，都想要反駁的樣子。是打算無論我說什麼都不聽嗎？突然，我想起連假前，我只給了他一個禮拜的藥量。

「對了，申昱，藥是不是吃完了呢？我印象中好像少開了四天份的藥給你。」

「對，因為藥吃完了，所以連假一結束我就立刻約診了。上次會談結束回家之後，我就想到接下來連假會沒辦法看診，原本在想是不是要再來拿藥，但想說睡眠狀況改善不少，就覺得稍微減量一點應該也沒關係，所以就沒來了。」

「那這四天你都沒吃藥嗎？」

「不是四天都完全沒吃藥，你第一次開給我的藥我沒什麼吃，因為會頭暈，那些藥還有剩，所以我就吃了那些，效果比我預期的好，我似乎可以自己調整藥量。」

我一瞬間不知道該說什麼，只是靜靜地看著申昱。

因為他是想掌控任何事情的人，所以會想要掌控看診、處方這些事情，也是再自然不過的事。但申昱自己是醫師，所以我認為他應該會按照處方來服藥，看來是我太大意了。當初抱怨說藥不太合適，顯然也是因為他任意調整藥的分量所致。

不想被精神治療控制

「除了症狀改善之外，有其他的原因讓你想結束治療嗎？我記得你好像說過上次的會談感覺很不錯。」

「會談感覺不錯，可以多思考我、爸媽和弟弟之間的事，但我不知道繼續說家人跟女友的事情究竟有什麼意義。總之，說女友的事情我是還可以理解，畢竟這是我失眠的原因。但……我覺得好像不該談我爸的事。」

「不該談你爸的事嗎？」

「對，我不想談我爸打我的事。我爸已經過世，我又不能跟他計較這些，老實說我覺得你好像刻意引導我說這些事情，精神科經常做這種事對吧？會把所有的問題都歸咎於家庭。」

連假期間，他過去那些充滿攻擊性的想法又全部歸位，申昱說的每一句話都帶著刺。

「你可能是會有這種感覺沒錯，我能理解，看來是我沒有充分跟你說明療程。精神分析的過程中，你會漸漸了解連自己也不知道的事情。雖然人們都認為自己最了解自己，但其實並非如此。我們會刻意或下意識地不去看痛苦的回憶或缺點，但如果能夠了解自己，就可以更客觀地看到問題的情況。」

「所以我一開始就不了解你說的情況，我不覺得我的個性有問題，我到底要改什麼、為什麼要改？是因為你覺得我的個性有問題，所以才想要改變我吧？」

我沉默了下來。申昱說的話也有道理。我判斷他的問題是過度的控制傾向、完美主義、缺乏心智化與同理心、情緒調節有困難、思考不知變通，但申昱認為自己的問題是失眠。在我們無法對問題有共識的情況下，醫師跟個案自然會起衝突，在這樣的情況下，申昱感覺到我想要「控制」他。

個案本身要有「想要改變的意志」

「你確實是很可能會有這樣的想法。」

我很快承認他說的話有道理。因為想到今天會談結束之後就不會再見到他，所以我抱著這是最後一次的心情，決定把過去在看診時的想法，老實說出來。

「你說女友約會遲到，讓你發了將近一個小時的脾氣對吧？當時你心裡，是不是和小時候你錯過了約定時間，所以責罵你的父親，有類似的情緒呢？你在違背約定或是規範時會承受很大的壓力，我希望你能夠改變這樣的個性。完美、做事仔細這確實是優點，對你現在的工作很有幫助。我並不是否認你的一切，但如果你覺得我是任意想改變你的話，我想應該是我的表達方式有問題。」

申昱聽完我說的話之後，並沒有馬上回答。最後他終於打破漫長的沉默，對我說：

「我好混亂。總之，我很尊敬我已經去世的爸爸。」

「我沒有要否定這一點，打你也是你父親的一部分，你尊敬的父親是包括這一部分的父親。而女友喜歡的你，則是包括嚴守約會時間這部分的你。問題只占一小部分而已，所以如果你在事情沒按計畫發展，或是別人沒遵守約定的時候，可以不要那麼難過痛苦，我想你跟女友應該都會更幸福。」

「我知道你的意思了，總之很感謝你。跟女友關係不太好的時候，你要我忍耐、等待，也因為這樣，現在我們的關係改善了，也幾乎不會失眠了。今天不是我們原本約好的時間，我只是來拿藥而已。沒有太多時間，所以我們就先談到這裡吧，我想你接下來還有很多個案要看吧。」

申昱表露出一副急著要結束這個狀況的態度，我也只能無可奈何地點點頭。

「好，我知道了，那就先這樣吧，這次要直接開兩週份的藥給你嗎？」

「可以這樣嗎？可以的話就麻煩你了。」

我對申昱說明藥物的戒斷症狀，同時也告訴他如果中途出現什麼問題，可以隨時跟我聯絡。但從那之後，申昱就再也沒有來拿過藥。

＊＊＊

回顧和申昱的會談，我又重新開始思考在精神分析的過程中，個案本身的意志有多重要。畢竟在精神分析的過程中聊一些比較難受的事情，症狀也可能會變得更差。因為要把不想面對的回憶拿出來檢視，這件事情會遭遇到意識與潛意識的抵抗，而個案也可能會對醫師產生抗拒感。在診療室裡面聊完家人的事情之後，個案回到家有時會跟家人爭吵，會對家人說「都是因為你，我才會變成這樣」。幫助個案走過防衛、抗拒與怨恨的漫長隧道，繼續接受精神分析，最重要的就是個案本身「想要改變的意志」。會不會是申昱沒有這樣的想法，而我硬是要他來做精神分析呢？會不會是因為他是非常典型的強迫型人格，所以我貪心地想要分析他呢？雖然因為我的貪心，可以更深入了解申昱，但對他來說，這樣的會談很可能會成為非常不愉快的經驗。

過了幾星期之後，我從東秀那裡聽到，申昱告訴他託我的福狀況改善很多，感謝他的介紹，並要向我道謝。聽到這個消息，我雖然只是微笑帶過，但其實覺得有點難過。

【心理抵抗】

逃離不安的方法

最後，中昱就沒有再繼續來做精神分析了。在精神分析當中，心理抵抗指的是個案所有違背治療目的的行為。進行會談治療的時候，會無可避免地談論一些比較痛苦的話題，這時候個案會感到「不安」，想要逃離不安，就會抗拒治療。中昱身上也出現許多心理抵抗的行為，像是當我問他女友的事情時，他會雙手抱胸回問：「這有幫助嗎？」或是反問醫師說：「你有女朋友嗎？」試著轉移話題，並且希望專注討論，這些都是抗拒探索內心的舉動。

心理抵抗會以幾種形式出現，包括：「我不知道」「現在沒有想法」等中性的表現，或是直接表示不想談論這個話題等。也可能會迴避話題、一直盯著時鐘看，完全不說任何一句話。中昱有完全不表露出個人情緒，只想就事論事的傾向，這也可以看成是心理抵抗的一種。

心理抵抗並非全部會以負面的態度出現，個案也可能只挑選醫師有興趣、會喜歡的話題來談。我以前也曾有過整整一個小時，幾乎都在談論夢境的經驗，會談結束的時候還跟個案說，如果之後還想起什麼夢，可以再繼續跟我說，結果後來連續好幾個禮拜都只聊夢的事。一直聽個案說夢的事情，反而比較沒有機會去探討他在日常生活裡遭遇的問題，或是去探索他的內心，這當然可以說是「違背治療目的」的心理抵抗行為。

不光是精神分析，在日常生活中的人際關係當中，也經常會出現妨礙人際關係的抵抗行為。問個案跟戀人吵架之後，是因為什麼心裡覺得怪怪的，個案會用「我不覺得這有什麼」或是「我一定要說嗎」等方式回應，並直接避談這個話題。雖然有很多原因，但大多數的人都認為要是直接說出真正的原因，可能會造成更大的問題或衝突。不過如果希望關係可以繼續發展，那就需要努力去了解對方。用這種方式來掩飾自己的內心，會讓雙方都很累，也會感到很不自在。

我想說的是，心理抵抗是源自於不安。所以戰勝心理抵抗的過程，其實就是戰勝不安的過程。戰勝不安其實格外困難，所以個案的意志力非常重要。明明應該和醫師一起慢慢戰勝不安，但對申昱來說，這個過程或許太過急躁了，當然最大的原因也是他自己並不想改變。

各位有沒有希望跟誰更加親近呢？或是跟朋友大吵一架後決心和對方和解，但卻事與願違嗎？在人際關係中，會覺得事與願違是很正常的，試著坦承自己的想法吧。雖然一開始可能會有點尷尬，但經歷過之後，彼此之間的關係將會更坦率、輕鬆。相反地，如果感覺對方有所抗拒，那就要抱著會得到負面回應的覺悟，直接詢問對方的想法。要馬上聽到對方的真實心聲當然不容易，對方在戰勝那股抗拒感之前，我們都要忍耐並靜靜等候。了解不安與心理抵抗的關係之後，無論是在人際關係還是理解、接受自己這件事情上，都會更加從容。

後記

你找到不斷逃跑的自己了嗎？

文廷、洪珠、京民、恩兒、申昱，這五位個案帶著各自的煩惱，來向五位「腦內探險隊」的成員求助。有些人因為終於了解長期困擾他們的問題究竟是什麼而興奮，但也有人一開始因為一切變得明朗而開心，後來卻又陷入深深的煩惱之中。有些人花費很長的時間，深入探索自己的內心，但也有人發現了過去一直被自己忽視的傷痕，感到痛苦，所以停止繼續接受精神分析。

各位覺得，誰的故事最能觸動你呢？雖然這些人和你素昧平生，你可能無法產生共鳴，但其中肯定也會有讓你感同身受的部分。

我相信，肯定也有人藉著這些故事，發現連自己都感到陌生的一面、找到那個過去不斷逃跑的自己。希望我們說的這些故事，也可以是幫助各位接近真實自我的機會。

精神科的精神分析，是指將外顯症狀當作線索，從你人生最早的記憶開始，了解在診療室內外不斷重複的行為與心理模式，進而了解內心深處那顆「真實」的心。一般人認為要有嚴重的憂鬱、焦慮、失眠等明顯的症狀才會到精神科就診，但其實無法適當表達情緒、在與人相處時每次都會因為遭遇同樣的問題而感到痛苦、人生陷入完全不知道方向的混亂當中，都可以去接受精神分析。

精神科的治療，可以說是個案與醫師的「共同合作」，個案並不是單方面接受醫師開的處方，而是像打球一樣你來我往地互相進攻、分享對話，發現問題、經歷錯誤，然後再找出合適的解決方法。這個過程當然不會一帆風順，雖然你可能會很想要了解防護網後面的真心，但也可能同時會害怕表露真心這件事會使你更加狼狽，因而想要逃避。

在這個過程中，個案內心可能會遭遇衝突與混亂，也可能會對醫師產生特殊情感。

透過這本書，我們希望讓大家了解，精神分析為你帶來改變是非常自然的事。受限於篇幅的關係，所以我們省略、縮減了很多部分，但我們還是努力想讓讀者們了解診療室裡的真實情況。雖然可能還不夠好，但依然希望透過本書，能多少消除大家心中對精神科的疑慮，讓大家不要再有那麼多的誤會與偏見。

最後就用「腦內探險隊」的成員們，對這五位曾經想逃跑的主角說的話來作結，同時也在此向各位讀者道別。

文廷，妳現在在想什麼呢？感受到什麼情緒呢？過去妳總是專心聽別人說話，現在請妳聽聽自己內心的聲音吧。有時候可能會聽不清楚，但也不要著急，只要用心傾聽，妳就一定會找到愛自己的方法。

洪珠，妳從一個渴望母愛的孩子，變身成為愛護孩子的母親，是不是還有些不習慣呢？破繭而出的蝴蝶絕對不會再成為毛毛蟲，所以妳肯定也能展開全新的人生。不要害怕自己的改變，盡情飛翔吧。

京民，練習把心裡的鞋墊拿掉，並不如想像中的那麼容易吧？有時候你可能會因為心中那個過度敏感又誇大的自己，所以又想要放棄某個人，但你付出了很多努力，情況也逐漸好轉。期待你未來也能像你的時尚品味一樣，有一顆最帥氣的心。

恩兒，如果妳有想說的話，隨時都可以說出來。有時候可能又會因為焦慮不安而痛苦，但我相信現在的妳一定能夠戰勝那種心情。而妳心中的安全基地，也會繼續保護著妳。

申昱，你現在真的過得很好吧？老實說，跟你會談對我來說也是非常緊張的經驗。雖然我不是希望你出問題，但如果你遇到問題時能夠再回來找我，我真的會非常開心。

各位讀者，未來我們會再帶來更有幫助、更有趣的故事，謝謝你們。

以上，我們是「腦內探險隊」。

30歲前一定要搞懂的自己（有隻兔子封面版）

金惠男◎著　蕭素菁◎譯
有隻兔子◎插畫

新生代作家 黃山料 厭世國文老師（《厭世廢文觀止》作者）｜
圖文作家 有隻兔子　強力推薦

30 歲是個受到祝福的年紀，
這時不僅能以好奇心及熱情來面對人生，
同時也開始能以更寬廣的態度接受人生。

最受韓國人信賴的精神科醫師金惠男，以她多年來豐富的臨床經驗，
提出 30 歲前後的青年人必須了解並解決的幾個問題：

一個幸福的成年人應該具備的基本能力是什麼？
工作徘徊在十字路口時，該如何做出正確選擇？
要如何愛得更熱烈，更誠摯？
要如何面對變化無常的婚姻生活？

唯有真正了解自己，你才會有能力扭轉生命中的瓶頸，迎向未來更豐富的人生。

你和我之間

找到遠不孤單，近不受傷，剛剛好的距離
（有隻兔子封面版）

金惠男◎著　何汲◎譯
有隻兔子◎插畫

諮商心理師 許皓宜／楊嘉玲｜科普心理作家 海苔熊　同感推薦

某個瞬間，我們突然對「你我之間」感到疲憊，
因為「你我之間」常常互相折磨。

世界上沒有任何一種關係不會受傷，
讓我們最痛苦的人，往往是我們最親近的人。

精神科醫生金惠男從個人的精神分析專業中，
學到一堂非常重要的人際關係智慧課。
金錢、憤怒、期望值、過去的傷痛、比較的心理……
讓你我之間一觸即發，每個人都在「關係」的相處中努力拔河，
但誰贏了，誰輸了，已經不重要，
重要的是我們要學會成為別人的支柱，
也要學會依靠他人，因為我們不是活在各自的孤島上。

延伸閱讀

以為長大就會好了

幸運的人用童年治癒一生，
不幸的人用一生治癒童年

金惠男・朴鍾錫◎著　何汲◎譯
有隻兔子◎插畫

臉書專頁　重點就在括號裡／諮商心理師　胡展誥
故事作家　狼焉／網路作家　忘遇珍／ IG 作家　無 NONNO 同感專文推薦

悲傷的時候，你會用眼淚來表達自己的悲傷嗎？
憤怒的時候，你會一下就暴跳如雷，彷彿全世界都欠了你？
開心的時候，你會誇張付出，情感起伏好像雲霄飛車？
很多人以為長大後，就會懂得控制自己的情感。

但如果想哭，卻假裝堅強，最後真的就哭不出來了；
如果很累，卻勉強撐下去，可能再也無法真正休息；
如果以為變成大人，這些假裝都可以不被人發現，那你真的很辛苦。

回到小時候的自己，聽聽在心中的那個小男孩與小女孩，
當時哪裡受傷了？哪裡被忽視了？哪裡需要被愛？
找到小時候的自己，然後跟那個自己說再見，說你值得幸福……

其實，我是個內向的人

面對人際關係，隱藏的是不安的自己

南仁淑◎著　陳品芳◎譯

有隻兔子◎插畫

★暢銷作家　黃大米　特別推薦★

很多人在人際關係中似乎安裝雷達或無線藍牙，一遇到「陌生」「尷尬」「不安」就會準備逃離……
大部分的人在職場上，假裝活潑開朗，但結果反而累得半死，很快就沒電，
更多的人處在外向與內向的曖昧區塊，迷失自己原來的個性，隨波逐流很痛苦。

本書透過作者自身的經驗，幫助你釐清自己真正的性格。
不用否定天生具備的敏感，害羞表達，總是自導自演的內心戲；
也不用特別強調，能言善道是累積人際關係唯一的鑰匙；
更不需要羨慕眾星拱月的光鮮亮麗，
你有自己行走的速度，做事的節奏，溝通的方法，
也許緩慢了一點，也許笨了一點，也許孤單了一點，
但是最後你會發現，這樣的自己最自由自在，這樣的自己最幸福。

Creative 162

為什麼總是感到很受傷（有隻兔子燙金版）

五個精神分析的真實故事，帶你找到不斷逃跑的自己

填回函雙重禮
①立即送購書優惠券
②抽獎小禮物

作者｜腦內探險隊
譯者｜陳品芳
出版者｜大田出版有限公司
台北市一〇四四五 中山北路二段二十六巷二號二樓
E-mail｜titan@morningstar.com.tw http://www.titan3.com.tw
編輯部專線｜（02）2562-1383 傳真：（02）2581-8761

總編輯｜莊培園
副總編輯｜蔡鳳儀 編輯｜葉羿妤
行銷編輯｜張筠和
行政編輯｜鄭鈺澐
校對｜金文蕙／黃薇霓

二版初刷｜二〇二一年六月十二日
燙金版初刷｜二〇二三年十二月十二日 定價：三八〇元

E-mail｜service@morningstar.com.tw
網路書店｜http://www.morningstar.com.tw
TEL：04-23595819 FAX：04-23595493
讀者專線｜04-23595819＃212
郵政劃撥｜15060393（知己圖書股份有限公司）
印刷｜上好印刷股份有限公司
國際書碼｜978-986-179-841-7 CIP：191.9/112018122

國家圖書館出版品預行編目資料

為什麼總是感到很受傷（有隻兔子燙金版）
／腦內探險隊著；陳品芳譯．
——初版——臺北市：大田，2023.12
面；公分．——（Creative；162）

ISBN 978-986-179-841-7（平裝）

191.9 112018122